I0536061

BESTACTIVITYBOOKS.COM

ERSTE AUSGABE - Veröffentlicht 2022

Extra Grafikmaterial von: www.freepik.com
Dank an: Alekksall, Starline, Pch.vector, Rawpixel.com, Vectorpocket, Dgim-studio, Upklyak, Macrovector, Stockgiu, Pikisuperstar & Freepik.com Designers

5 TIPPS FÜR DEN ANFANG!

1) LÖSUNG DER RÄTSEL

Die Puzzles haben ein klassisches Format :

- Die Wörter sind ohne Abstand, Bindetrich usw... versteckt
- Richtung : vor-& rückwärts, auf & ab oder in der Diagonale (beider Richtungen)
- Die Wörter können übereinanderliegen oder sich kreuzen

2) AKTIVES LERNEN

Neben jedem Wort ist ein Abstand vorgesehen zum Aufschreiben der Übersetzung. Um ihre Kenntnisse zu überprüfen und zu erweitern befindet sich am Ende des Buches ein **WÖRTERBUCH**. Suchen sie die Übersetzungen, schreiben sie sie auf, dann können sie sie in den. Puzzles suchen und ihrem Wortschatz hinzufügen.

3) ANZEICHNUNG DER WÖRTER

Haben sie schon einmal versucht eine Anzeichnung zu verwenden? Sie könnten zum Beispiel die Wörter, die schwer zu finden sind, ankreuzen, die Wörter, die sie lieben, mit einem Stern, neue Wörter mit einem Dreieck, seltene Wörter mit einem Diamant usw ... anzeichnen

4) IHR LERNEN ORGANISIEREN

Am Ende dieser Ausgabe bieten wir auch ein praktisches **NOTIZBUCH** an. Ob im Urlaub, auf Reisen oder zu Hause, sie können ihr neues Wissen ganz einfach organisieren, ohne ein zweites Notizbuch zu benötigen!

5) SIND SIE AM SCHLUSS ?

Gehen sie zum Bonusbereich : **MONSTER-HERAUSFÖRDERUNG,** um ein kostenloses Spiel zu finden, das am Ende dieser Ausgabe angeboten wird !

Lust auf mehr Spaß und Lernaktivitäten? Schnell und einfach : eine ganze Spielbuchsammlung mit einem einzigen Klick erhaltbar :

Mit diesem Link finden sie ihre nächste Herausforderung :

BestActivityBooks.com/MeineNachsteWortsuche

Achtung, fertig, ... Los !!

Wussten sie, dass es auf der Welt ungefähr 7.000 verschiedene Sprachen gibt ? Wörter sind kostbar.

Wie lieben Sprachen und haben schwer daran gearbeitet, die Bücher von höchster Qualität für sie zu entwerfen. Unsere Zutaten ?

Eine Auswahl von angepassten Lernthemen, drei große Scheiben Spaß, dann fügen wir einen Löffel schwieriger Wörter und eine Prise seltener Wörter hinzu. Wir servieren sie mit Sorgfalt und ein Maximum an Freude, damit sie die besten Wortspiele lösen und Spaß am Lernen haben.

Ihre Meinung ist wichtig. Sie können aktiv zum Erfolg dieses Buches beitragen, indem sie uns eine Bemerkung hinterlassen. Sagen sie uns, was ihnen an dieser Ausgabe am besten gefallen hat !!

Hier ist ein kurzer Link, der sie zu ihrer Bewertungsseite führt

BestBooksActivity.com/Rezension50

Vielen Dank für ihre Hilfe und viel Spaß

Linguas Classics

1 - Gesundheit und Wellness #2

ष	ग	ट	प	ए	ठ	प	ठ	ऊ	ब	आ	र	फ	इ	ट	ष
ऊ	ऊ	स	न	ट	ल	ल	स	भ	ख	न	क	न	प	ञ	ऊ
भ	ष	फ	म	म	क	ऊ	ण	उ	ञ	ए	◌्	भ	ह	त	भ
आ	ध	ठ	◌ि	ब	◌ै	ड	च	आ	च	ल	त	छ	य	व	ट
त	व	ध	ट	ल	ल	◌े	ख	घ	र	र	उ	ब	य	ए	र
उ	ग	म	◌ा	ष	◌ो	द	ग	ञ	न	◌्	न	◌ी	◌ं	द	ड
ध	च	य	◌ि	फ	र	ह	ऊ	ञ	ध	ज	म	◌ा	ल	◌ि	श
त	न	◌ा	व	ञ	◌ी	ण	उ	द	य	◌ी	व	स	ल	न	म
स	◌ं	क	◌्	र	म	ण	स	◌्	व	च	◌्	छ	त	◌ा	च
स	ठ	इ	द	आ	ख	◌ू	भ	ड	ढ	घ	फ	य	◌ा	च	इ
ऊ	◌्	ड	ख	ह	◌ि	घ	ब	व	न	छ	म	ऊ	प	र	त
ढ	ब	व	ह	◌ा	◌ो	च	घ	व	ष	इ	ज	◌ा	◌्	र	ऊ
स	य	ष	स	र	ज	व	ष	त	ठ	घ	द	घ	स	◌ी	ब
र	म	इ	ञ	◌्	थ	फ	भ	ह	च	ब	उ	द	अ	र	ध
ड	◌ो	इ	न	आ	थ	य	ड	च	म	फ	ध	थ	ष	श	म
ल	व	ग	उ	आ	न	◌ु	व	◌ं	श	◌ि	क	◌ी	भ	आ	न

एलर्जी
शरीर रचना
भूख
रक्त
आहार
ऊर्जा
आनुवंशिकी
स्वस्थ
वजन
स्वच्छता
संक्रमण
कैलोरी
अस्पताल
रोग
मालिश
जोखिम
नींद
खेल
तनाव
विटामिन

2 - Ozean

स	म	◌ु	द	◌्	र	◌ौ	श	◌ै	व	◌ा	ल	श	न	ह	श
ग	ख	ट	ढ	इ	थ	ढ	ठ	थ	इ	ऊ	ह	ख	ए	छ	◌ा
स	म	ग	ग	ए	ण	आ	व	आ	च	म	◌े	ञ	ण	घ	र
ध	ड	ब	ए	ब	च	थ	व	द	ट	ल	◌्	ट	ष	ब	◌्
न	य	इ	र	इ	ठ	ण	प	आ	य	आ	व	छ	छ	ऊ	क
क	◌े	क	ड	◌़	◌ा	ए	घ	व	श	◌ं	उ	ध	भ	ष	ण
न	ग	ऊ	स	न	◌ा	◌ू	ट	द	आ	ध	ष	इ	भ	आ	त
स	◌ी	प	ड	◌ा	म	◌ू	◌ं	ग	◌ा	◌ी	ठ	न	ह	ध	ज
म	थ	त	र	व	◌ा	◌्	ज	स	◌ा	उ	ह	व	द	त	◌े
म	ञ	न	न	ऑ	छ	ऊ	ब	◌्	ल	◌ं	ऊ	उ	ख	र	ल
इ	आ	फ	ल	क	म	न	ग	प	प	ल	◌ी	आ	थ	फ	◌ि
भ	◌ु	◌ि	य	◌्	घ	व	ढ	◌ं	द	च	छ	झ	ल	ष	फ
म	छ	ल	◌ो	ट	ग	न	ड	ज	च	ट	◌्	ट	◌ा	न	◌़
द	क	◌्	थ	◌ो	य	ह	प	ट	ष	ल	ह	र	◌े	◌ें	◌ि
श	य	◌ॉ	ध	प	य	छ	त	घ	थ	च	ह	घ	ध	ढ	श
ब	इ	ड	स	स	ख	थ	आ	ए	उ	त	ग	ल	इ	न	त

सीप
नाव
डॉल्फिन
मछली
झींगा
ज्वार
शार्क
मूंगा
केंकड़ा
ऑक्टोपस
जेलीफ़िश
चट्टान
नमक
कछुआ
स्पंज
समुद्री शैवाल
आंधी
टूना
व्हेल
लहरें

3 - Krankheit

श	ड	त	र	ए	ए	त	ह	द	ि	ल	य	य	ट	आ	च
न	्	ग	ड	ठ	ल	ख	थ	ड	च	घ	य	ए	ड	ख	ि
्	ल	व	उ	ढ	र	इ	स	ध	्	ण	य	ा	्	ल	क
य	च	म	स	आ	्	ब	र	ि	स	ड	त	न	ट	ल	ि
ु	ग	ए	न	न	ज	ू	स	ट	ं	ऊ	ि	ऊ	ठ	थ	त
र	भ	य	इ	ी	ी	ह	ख	प	भ	ड	ध	य	ड	फ	्
ो	ऊ	भ	ा	र	ो	ज	म	क	ञ	ऊ	्	य	ो	छ	स
प	ख	भ	स	ा	भ	ड	ण	घ	छ	प	ध	र	स	ं	ा
ट	ड	इ	च	ु	थ	ध	ऊ	ल	फ	म	थ	व	ो	न	र
ी	स	थ	ख	प	द	श	आ	उ	न	प	न	्	प	म	ण
आ	न	ु	व	ं	श	ि	क	आ	ब	े	द	ी	र	भ	ध
व	श	र	ी	र	य	त	ख	ण	न	ट	ड	त	ठ	च	ब
स	्	व	ा	स	्	थ	्	य	ञ	ढ	य	स	द	ल	ट
ड	थ	स	म	ब	घ	स	स	ं	क	्	र	ा	म	क	थ
व	ं	श	ा	न	ु	ग	त	ख	ष	ए	ढ	य	फ	भ	प
ब	ल	ब	ल	इ	थ	स	श	ढ	व	ध	ष	आ	भ	उ	म

पेट
तीव्र
एलर्जी
संक्रामक
श्वसन
पुरानी
सूजन
वंशानुगत
आनुवंशिक
स्वास्थ्य
दिल
हड्डियों
शरीर
न्युरोपटी
कमजोर
साइनस
सिंड्रोम
चिकित्सा
कल्याण

4 - Meditation

ठ	म	त	ज	श	ट	ञ	उ	ञ	म	ट	ठ	ड	ऊ	ऊ	फ
ह	व	ष	◌ा	ग	इ	छ	थ	व	न	ढ	श	ठ	ह	ण	ख
भ	ऊ	भ	ग	उ	ण	उ	र	थ	य	ञ	र	ग	भ	ठ	आ
ग	ग	त	घ	ह	ढ	स	छ	द	◌ा	य	द	र	ह	ब	ल
भ	स	उ	ब	ष	ल	म	र	श	◌्	व	श	छ	ल	च	द
छ	स	ध	श	◌ु	ख	श	आ	ञ	ध	थ	फ	◌ा	म	व	य
आ	म	ग	◌्	ग	र	◌ा	ण	य	ख	ढ	ल	ट	◌ं	द	◌ा
क	प	न	व	च	व	◌ं	म	स	म	आ	आ	छ	स	त	ल
ऊ	◌ृ	आ	◌ा	स	◌ि	त	◌ौ	ट	न	ग	श	थ	ल	◌ा	◌ु
स	ए	त	स	थ	च	◌ि	न	उ	त	छ	ख	ष	ग	ट	त
ब	ण	थ	ज	छ	◌ा	त	प	◌्	र	क	◌ृ	त	◌ि	ष	◌ा
आ	च	ठ	ष	◌्	र	ग	त	छ	घ	ए	इ	म	ऊ	◌्	ठ
य	स	स	स	प	ञ	स	◌्	व	◌ी	क	◌ृ	त	◌ि	प	उ
ऊ	ष	न	त	ह	ख	त	म	◌ा	न	स	◌ि	क	द	◌्	य
आ	ढ	र	घ	न	ह	फ	◌ा	स	◌ं	ग	◌ी	त	ध	स	स
प	र	◌ि	प	◌्	र	◌े	क	◌्	ष	◌्	य	ण	द	प	ण

स्वीकृते
श्वास
ध्यान
गति
कृतज्ञता
दयालुता
शांति
विचार
मानसिक
खुश

आसन
स्पष्टता
दया
संगीत
प्रकृति
परिप्रेक्ष्य
शांत
मौन
मन
जाग

5 - Archäologie

भ	ठ	ध	ख	श	ए	ग	इ	व	ञ	ध	उ	ढ	ष	भ	स
म	◌ं	द	◌ि	र	ऊ	फ	ठ	थ	ट	ब	व	ए	य	◌ु	ल
म	◌ू	ल	◌्	य	◌ा	◌ं	क	न	स	थ	◌ि	ध	आ	ल	च
अ	र	भ	ह	ख	ध	इ	म	र	भ	र	श	फ	त	◌ा	घ
छ	व	ह	ख	ड	ए	द	द	श	◌्	ह	◌्	ग	ग	द	ध
भ	च	श	घ	इ	◌्	इ	भ	इ	य	स	ल	थ	ख	◌ि	ए
फ	च	ट	◌े	ष	द	ड	म	द	त	◌्	◌े	ञ	ग	य	प
आ	व	ए	उ	ष	ख	श	◌ि	ठ	◌ा	य	ष	फ	य	◌ा	थ
प	◌ु	र	◌ा	त	न	त	◌ा	य	घ	ठ	ण	व	द	ख	थ
प	ञ	ण	छ	ठ	◌ा	फ	म	ध	◌ो	ध	म	र	न	इ	य
च	◌्	◌े	ञ	प	ज	श	◌ं	व	ओ	◌ं	त	◌ु	◌्	स	व
ञ	स	र	द	उ	न	ज	◌ी	व	◌ा	श	◌्	म	ट	ध	च
श	ए	ब	◌ा	ड	अ	ब	श	◌ो	ध	क	र	◌्	त	◌ा	फ
ध	इ	क	ल	च	भ	ट	आ	म	ष	ट	◌ी	म	ह	र	ण
ट	ञ	म	घ	छ	◌ी	ट	ध	ल	र	र	ए	ब	य	◌ु	ग
थ	य	ञ	उ	फ	ठ	न	व	◌ि	श	◌े	ष	ज	◌्	ञ	द

विश्लेषण
पुरातनता
मूल्यांकन
युग
विशेषज्ञ
शोधकर्ता
जीवाश्म
रहस्य
मकबरे
हड्डियों

टीम
वंशज
वस्तुओं
अवशेष
मंदिर
अनजान
प्राचीन
भुला दिया
सभ्यता

6 - Gesundheit und Wellness #1

आ	श	घ	न	थ	स	ल	च	इ	ठ	प	क	च	ण	ध	घ
भ	ग	ण	द	य	ह	त	च	ो	भ	प	्	र	ग	छ	ष
ष	ह	ऊ	ढ	प	फ	ऊ	ग	व	ट	व	ल	प	घ	ख	र
ब	ग	ह	द	द	य	ख	य	ो	ं	ड	ि	्	ड	ह	भ
प	श	प	ञ	ध	न	उ	प	च	ा	र	न	ञ	प	द	ू
ख	व	थ	न	ख	स	ए	ट	छ	व	ढ	ि	य	ह	थ	ख
न	भ	ऊ	उ	ड	ो	ह	व	थ	द	ष	क	ण	भ	च	स
ब	म	त	म	य	ं	ल	आ	स	च	फ	स	आ	ब	ि	आ
ग	ब	ो	आ	ग	न	र	आ	ए	ड	ञ	त	द	आ	क	द
स	क	्	र	ि	य	स	ौ	म	े	र	्	ा	फ	ि	ढ
व	य	ढ	न	्	छ	त	ध	आ	ष	ढ	क	य	छ	त	ल
ा	ऊ	ल	ह	ड	ा	घ	ञ	ड	ऊ	ट	ि	श	श	्	त
इ	ं	इ	स	ए	व	ह	स	फ	ल	थ	ि	ह	द	स	्
र	च	ह	ढ	ञ	ह	प	न	न	ब	ञ	च	ष	ऊ	ा	व
स	ा	ट	ल	प	ब	ै	क	्	ट	ो	र	ि	य	ा	च
आ	ई	व	ि	श	्	र	ा	म	भ	ं	ग	व	छ	घ	ा

सक्रिय
फार्मेसी
चिकित्सक
बैक्टीरिया
उपचार
विश्राम
भंग
आदत
त्वचा
हार्मोन
ऊंचाई
भूख
क्लिनिक
हड्डियों
दवा
नसों
पलटा
चिकित्सा
चोट
वाइरस

7 - Obst

अ	न	न	◌्	न	◌ा	स	श	ए	ल	च	ग	स	घ	ठ	न
ब	ड	ब	द	ध	ऊ	ठ	ध	ख	घ	ध	ध	ल	ठ	ट	ञ
◌ू	◌े	ञ	ष	ल	भ	ष	श	व	व	छ	थ	छ	ध	व	ड
◌ं	फ	र	त	◌ा	◌ी	प	प	थ	क	ट	र	द	न	ह	फ
◌ी	ल	ग	◌ी	र	भ	स	र	ध	◌े	ग	ल	ध	छ	त	न
न	ब	◌ू	प	◌े	ए	ध	ब	आ	ल	ज	◌ू	ब	र	त	◌ा
ल	म	◌ं	◌ा	म	च	ख	ग	ड	◌ा	ठ	त	◌े	त	छ	र
ध	न	अ	श	ह	ष	ग	श	म	ल	ण	◌ा	र	त	प	◌ि
ध	छ	य	◌ा	ह	ध	भ	ढ	थ	ग	फ	◌़	◌ी	ब	ण	य
ऊ	ब	ए	न	◌ी	ब	◌ा	◌ु	ख	थ	ठ	फ	म	ख	ट	ल
ग	ढ	र	व	ड	ब	स	ञ	फ	च	ध	श	ध	ण	म	र
त	ध	द	◌ी	◌ो	ष	◌े	ब	◌्	ल	◌ै	क	ब	◌े	र	◌ी
थ	उ	श	◌ी	न	क	ब	न	◌ा	र	◌ं	ग	◌ी	ब	ऊ	त
घ	ढ	छ	क	फ	म	◌ा	ध	ख	ग	ष	ख	ग	उ	ऊ	ट
थ	फ	ह	ह	ह	◌ू	◌़	ड	आ	ण	च	ट	ट	उ	घ	ञ
ड	ञ	ह	ध	ध	ह	इ	ड	◌ो	म	ठ	ह	ञ	ञ	ञ	स

अनन्नास
सेब
खुबानी
एवोकाडो
केला
बेरी
नाशपाती
ब्लैकबेरी
रसभरी
चेरी
कीवी
नारियल
तरबूज
शफ़तालू
नारंगी
पपीता
आड़ू
बेर
अंगूर
नींबू

8 - Universum

ल	द	आ	क	◌ा	श	ग	◌ं	ग	◌ा	ऊ	च	ढ	ध	ल	अ
ट	थ	◌ू	द	र	र	ग	ल	र	ज	न	घ	भ	ब	◌ौ	क
फ	त	ढ	र	ण	त	ब	ध	◌ा	त	श	भ	ग	छ	क	◌्
य	त	ऊ	◌ा	ब	ठ	त	ट	श	◌ि	र	ट	त	ड	◌ि	ष
फ	उ	प	ध	भ	◌ौ	ड	ब	◌ि	ष	◌ा	◌्	क	क	क	◌ा
ट	ख	स	◌े	व	म	न	व	ल	◌ि	आ	क	◌ा	श	स	◌ं
प	द	ढ	◌ं	क	◌्	ष	◌ु	द	◌्	र	ग	◌्	र	ह	श
थ	उ	घ	अ	ग	स	थ	भ	ध	क	थ	ब	ब	ल	म	ऊ
ठ	त	ह	ष	◌ो	द	◌ं	श	व	◌ा	य	◌ु	म	◌ं	ड	ल
च	ग	ट	म	ल	◌ृ	ऊ	क	प	थ	ग	भ	ठ	र	ए	ड
ट	◌ा	ठ	म	◌ा	श	ब	द	◌्	इ	च	आ	न	च	ष	ढ
ब	श	◌ँ	स	र	◌्	म	ग	ल	र	द	भ	ग	ष	श	घ
स	व	च	द	◌्	य	स	ञ	क	इ	◌ा	ग	ग	स	ल	ष
र	आ	थ	भ	ध	म	छ	ल	भ	ऊ	ह	◌ं	व	च	स	भ
ढ	च	ष	भ	प	◌ा	प	थ	य	ञ	ग	ढ	त	छ	म	ग
च	थ	ल	र	त	न	◌्	श	◌ा	◌े	द	च	ध	◌ि	ख	उ

क्षुद्रग्रह
वायुमंडल
कल्प
अक्षांश
अंधेरा
आकाशगंगा
गोलार्ध
आकाश
क्षितिज
लौकिक
देशान्तर
चाँद
कक्षा
दृश्यमान
संक्रांति
दूरबीन
राशि

9 - Camping

छ	इ	ख	ह	प	स	◌ा	ह	स	ि◌	क	म	आ	प	ल	ग
व	न	फ	य	द	◌्	य	य	फ	म	ष	य	ल	स	न	र
फ	◌ा	ऊ	म	ि◌	ड	र	ट	च	ज	थ	ग	ञ	इ	फ	र
फ	र	उ	त	क	ण	द	क	ब	◌़	ण	ख	ठ	ढ	ग	र
ग	क	ध	प	◌्	ण	ऊ	म	◌ृ	◌ा	त	थ	भ	श	च	उ
ख	र	य	ट	स	च	ग	इ	श	त	न	ट	ञ	न	◌ा	भ
स	क	ह	ब	◌ू	◌ं	त	ञ	ठ	इ	ि◌	थ	ट	ण	◌ँ	ट
ए	◌ा	ए	ध	च	आ	ग	ड	न	थ	ड	व	इ	◌ो	द	ढ
इ	ि◌	श	च	क	क	◌े	ब	ि◌	न	ग	फ	प	ल	प	ग
च	श	ण	ष	झ	◌ू	ल	◌ा	ह	छ	इ	ल	भ	म	इ	◌ी
न	ड	र	स	◌्	स	◌ी	ऊ	य	झ	◌ी	ल	प	ग	त	◌ं
श	◌़	त	भ	ह	ट	र	त	ध	फ	च	द	इ	ट	ठ	◌ो
ल	◌ा	ल	ट	◌े	न	फ	स	ञ	ढ	इ	ख	ड	ग	ष	ड
ब	ह	◌्	◌ी	च	ए	ट	ए	ल	थ	ध	ट	म	स	ट	ल
न	प	त	क	ज	◌ा	न	व	र	◌ो	◌ं	त	ग	न	स	र
म	ए	ग	थ	न	ए	उ	त	च	ट	उ	थ	थ	त	म	ट

साहासिक
पहाड़
आग
झूला
टोपी
कीट
शिकार करना
केबिन
डोंगी
नक्शा

दिक्सूचक
लालटेन
चाँद
प्रकृति
झील
रस्सी
मज़ा
जानवरों
वन
तंबू

10 - Zeit

इ	स	स	◌े	प	ह	ल	◌े	उ	द	ध	घ	श	छ	स	ग
य	म	ऊ	प	ट	इ	म	स	◌ु	ब	ह	◌ं	ढ	आ	ग	श
र	श	◌ि	र	◌ा	त	ह	ण	य	◌ा	ण	ट	ष	ट	द	ष
छ	ट	अ	न	आ	च	◌ी	द	स	◌े	क	◌ा	छ	थ	◌ो	भ
ढ	ख	घ	ब	ट	व	न	ञ	द	क	ल	श	म	ण	प	घ
ह	ञ	ष	ट	थ	◌ा	◌ा	घ	इ	श	ख	व	ड	व	ह	भ
उ	ह	ह	च	ण	र	ण	य	ड	द	प	र	थ	ड	र	त
ष	ञ	ह	त	◌ा	◌्	प	स	त	◌़	ह	◌्	इ	न	ड	भ
ढ	ब	ञ	ठ	ह	ष	ए	घ	ण	ग	◌ी	ष	ग	ठ	ल	उ
घ	ब	ल	आ	ल	◌ि	भ	व	◌ि	ष	◌्	य	म	व	◌े	न
द	◌ि	न	व	न	क	ड	ञ	प	स	ण	भ	ग	इ	◌ं	ष
न	ख	ढ	ब	फ	घ	घ	ञ	आ	य	ञ	ष	प	ब	◌ै	ल
म	फ	आ	ज	ह	प	घ	म	आ	ग	ष	छ	प	ग	क	ब
थ	ड	त	ष	श	म	स	म	न	ञ	ढ	ण	प	ट	ब	भ
व	ख	ष	ब	ल	प	न	च	स	घ	ब	आ	ख	ठ	व	ल
घ	श	ध	ख	श	च	छ	ध	घ	ए	व	फ	ए	फ	ब	ञ

कल
आज
वर्ष
सदी
दशक
वार्षिक
अब
कैलेंडर
मिनट
दोपहर

महीना
सुबह
के बाद
रात
घंटा
दिन
घड़ी
इससे पहले
सप्ताह
भविष्य

11 - Säugetiere

च	व	त	र	भ	ञ	म	म	फ	उ	न	छ	ड	ह	ल	इ
ढ	त	आ	ठ	स	ग	ल	ट	इ	य	उ	न	आ	◌ा	उ	उ
ध	ह	स	ड	ए	ण	न	ढ	द	भ	भ	ग	च	थ	ध	ह
ग	◌ो	र	◌ि	ल	◌्	ल	◌ा	ल	ह	◌े	◌्	व	◌ी	ष	ए
ट	आ	ठ	स	ल	य	श	व	ब	ऊ	आ	ड	◌़	◌ा	◌ो	घ
ल	◌ो	म	ड	◌़	◌ौ	व	ल	ण	◌ं	आ	श	◌़	ण	ध	ण
इ	ह	ठ	ढ	क	◌ं	ग	◌ा	र	◌ू	द	स	ज	◌ि	ट	ण
ञ	च	ए	य	छ	व	त	◌ि	ढ	ण	◌ु	र	◌ि	व	य	ण
ए	ब	य	ढ	उ	त	द	ब	इ	ल	◌ं	उ	र	ह	◌ो	◌ा
ब	◌ु	ल	◌ू	◌ा	भ	घ	द	ञ	थ	◌े	ठ	◌ा	छ	◌ो	त
ज	◌़	◌े	ब	र	◌ा	श	ऊ	इ	न	त	थ	फ	ध	क	र
श	भ	श	ऊ	म	ण	ट	ट	ट	भ	◌ा	ञ	◌़	ग	य	म
इ	र	◌े	ऊ	द	ब	श	प	ए	ख	त	त	छ	छ	ए	द
ह	स	ञ	ड	ट	◌ा	◌े	ध	घ	ठ	◌्	च	◌ू	ह	◌ा	घ
श	व	म	ष	◌़	घ	र	ण	उ	य	◌ु	थ	य	ष	ठ	ञ
ब	आ	ष	थ	प	र	ठ	ऊ	ढ	ध	क	थ	ए	त	ण	न

बंदर
भालू
ऊदबिलाव
हाथी
लोमड़ी
जिराफ़
गोरिल्ला
कुत्ता
कंगारू
कोयोट
शेर
तेंदुआ
घोड़ा
चूहा
भेड़
बुल
बाघ
व्हेल
भेड़िया
ज़ेबरा

12 - Algebra

अ	न	◌ं	त	ध	स	भ	छ	स	ख	छ	ढ	द	य	थ	व
ण	ध	ठ	ख	इ	ए	घ	ग	क	ऊ	म	ऊ	ल	घ	ए	घ
र	च	प	य	ए	त	ल	◌ो	◌्	य	इ	फ	घ	ढ	ण	ड
क	ठ	घ	ल	छ	प	ह	य	र	र	ण	भ	म	न	ल	ग
◌ौ	◌ो	ष	आ	ण	ठ	भ	इ	◌ि	त	◌ा	ड	म	ष	ऊ	त
म	त	ष	द	फ	ट	स	ग	ट	◌्	स	फ	न	ब	म	न
स	इ	फ	◌्	व	श	◌ं	अ	◌्	◌ू	म	ग	ण	ठ	आ	ढ
घ	ट	◌ा	व	ठ	व	ख	ड	◌ै	स	◌ा	फ	ड	न	थ	ट
आ	ढ	घ	ष	र	क	◌्	द	म	ब	ध	य	थ	ण	ड	ए
म	◌ा	त	◌्	र	◌ा	य	ण	च	ष	◌ा	आ	ण	ऊ	ऊ	ट
ल	द	ष	व	ऊ	ध	◌ा	न	ब	न	न	आ	य	थ	घ	आ
म	उ	य	य	ष	ध	उ	ल	◌्	ल	र	क	न	ढ	ऊ	भ
य	स	ट	य	ख	◌ौ	◌े	र	ह	◌ू	ण	◌ा	ल	च	झ	आ
ध	◌ं	व	ठ	◌े	ष	भ	व	ग	म	श	र	ण	द	◌ू	ठ
ट	क	प	◌्	र	त	◌ि	प	◌ा	द	क	क	ट	ब	ठ	ह
प	ट	ल	त	आ	घ	न	ध	ग	श	ह	छ	ग	म	◌ा	ध

अंश
आरेख
प्रतिपादक
कारक
झूठा
सूत्र
समीकरण
ग्राफ
कोष्ठक
रेखीय
समाधान
मैट्रिक्स
मात्रा
शून्य
संख्या
संकट
घटाव
योग
अनंत
चर

13 - Philanthropie

र	छ	य	ढ	थ	द	म	◌ि	श	न	द	छ	द	फ	व	ग
य	◌ु	व	◌ा	ठ	ऊ	ड	इ	ण	भ	◌ा	घ	भ	क	◌ै	त
क	ष	त	द	ड	ञ	ठ	र	र	ग	न	द	◌ा	न	श	द
र	◌ा	थ	ल	ब	ब	च	◌्	च	◌े	क	ट	ऊ	◌ि	◌्	द
◌्	च	र	ध	छ	उ	ह	फ	ल	ट	र	ऊ	प	ज	व	ऊ
प	प	ट	◌्	फ	व	घ	ग	प	ऊ	न	प	स	व	◌ि	म
◌ं	य	ण	उ	य	व	◌ि	त	◌्	त	◌ा	श	य	र	क	ञ
स	स	घ	य	स	क	ल	र	ह	उ	छ	व	द	◌्	ल	घ
ल	ल	ध	न	आ	थ	◌्	भ	ह	ठ	ख	ख	व	◌ा	र	ध
श	उ	फ	ठ	ऊ	इ	ढ	र	◌ू	ग	ल	र	न	स	स	ड
स	द	ञ	ट	र	ड	ग	श	म	य	इ	ऊ	ठ	ण	ह	ख
म	◌ा	ल	क	◌्	ष	◌्	य	स	◌ो	ध	त	भ	ल	ठ	ए
◌ु	र	◌ी	द	◌ा	न	◌ा	म	ई	ब	◌ं	ऊ	◌ि	द	◌ो	आ
द	त	◌ा	व	न	◌ा	म	स	म	ट	ढ	म	आ	ह	त	ग
◌ा	◌ा	भ	त	ट	ग	ढ	द	त	ढ	आ	ढ	उ	छ	◌ा	ड
य	इ	न	च	फ	त	य	घ	थ	ण	ध	उ	ल	इ	व	स

ईमानदारी
वित्त
समुदाय
इतिहास
वैश्विक
उदारता
समूह
युवा
बच्चे
संपर्क
लोग
मानवता
मिशन
धन
दान
सार्वजनिक
कार्यक्रमों
दान करना
लक्ष्य

14 - Diplomatie

ञ	ब	घ	ग	ल	ष	फ	स	द	थ	व	भ	आ	भ	ष	य
च	ट	स	◌ो	ठ	थ	त	◌ं	अ	य	व	◌ी	न	◌ा	म	न
प	ग	ब	य	श	थ	श	घ	ख	ह	ञ	श	ए	ष	स	◌ी
स	ल	◌ा	ह	क	◌ा	र	र	◌ं	त	द	◌ू	ज	◌ा	र	त
ट	य	ध	स	ञ	ल	◌ा	◌्	ड	य	घ	घ	द	ओ	न	◌ि
र	द	इ	ल	ध	य	क	ष	त	ग	म	व	ए	◌ं	◌ा	ग
स	◌ा	ञ	ध	ञ	श	र	र	◌ा	द	ध	◌ि	◌ं	स	ग	र
ए	◌ु	ज	र	आ	ब	स	ड	ऊ	ठ	न	द	आ	र	र	◌ा
ञ	म	र	न	छ	ब	ब	ण	ल	घ	ख	◌े	घ	श	◌ि	ज
न	स	घ	क	य	च	ढ	ब	त	ञ	ट	श	फ	ठ	क	न
श	आ	ब	ण	◌्	◌ि	ल	घ	आ	ए	उ	थ	स	ब	◌ो	◌ी
आ	च	ए	छ	आ	ष	क	द	◌ू	त	◌ा	व	◌ा	स	◌ं	त
भ	छ	◌ा	च	भ	च	◌ा	ह	ब	घ	ट	व	थ	ऊ	ञ	◌ि
व	ऊ	न	◌्	य	◌ा	य	ह	ढ	उ	घ	प	ऊ	इ	ट	ऊ
फ	ए	ष	ऊ	र	स	ष	च	श	न	ठ	च	ह	व	ण	ढ
ण	ड	स	ब	ध	च	स	म	◌ा	ध	◌ा	न	ए	ढ	ए	ढ

विदेश
सलाहकार
दूतावास
राजदूत
नागरिकों
राजनयिक
चर्चा
नीति
समुदाय
न्याय
मानवीय
अखंडता
संघर्ष
समाधान
राजनीति
सरकार
सुरक्षा
भाषाओं
संधि
सहयोग

15 - Astronomie

ल	श	न	न	ऊ	आ	प	य	ग	प	ग	भ	उ	न	न	इ
द	स	उ	म	◌ि	ड	छ	ध	छ	◌ृ	ऊ	न	ख	इ	थ	स
द	ल	ऊ	ऊ	य	ह	र	◌्	ग	थ	प	ब	थ	ण	ए	◌ु
◌ॅ	◌ू	य	ण	ड	म	◌ा	◌ं	ह	◌्	र	◌्	ब	त	ठ	प
◌ा	ह	र	◌्	ग	प	उ	र	ह	व	घ	व	थ	◌ा	श	र
च	ख	◌्	ब	ड	फ	ब	त	◌ि	◌ी	ध	ष	इ	र	ञ	न
ए	य	◌ू	ल	◌ी	ड	ष	◌्	ट	क	◌े	◌ॉ	र	◌ा	व	◌ो
आ	प	स	ग	ब	न	ए	ष	ख	◌ा	◌ा	ल	व	त	◌े	व
य	क	आ	क	◌ा	श	श	◌्	ष	◌्	ट	थ	आ	ठ	ध	◌ा
ठ	उ	◌ा	ट	श	◌ि	ल	क	स	ल	ध	द	व	ठ	श	ल
भ	ख	च	श	ञ	◌ा	ब	न	◌ं	उ	ञ	ट	ण	ग	◌ा	ह
ण	प	ढ	प	ग	र	थ	घ	स	ट	व	ण	घ	र	ल	ल
र	भ	ड	ल	ध	◌ं	घ	ए	◌ा	स	ठ	ए	ढ	उ	◌ा	स
ष	घ	व	थ	प	ख	ग	ह	र	थ	त	ध	ब	ध	ए	ख
प	ण	ख	ट	न	◌ी	ञ	◌ा	ज	◌्	व	◌ि	ल	◌ो	ग	ख
क	◌्	ष	◌ु	द	◌्	र	ग	◌्	र	ह	ग	त	आ	म	छ

क्षुद्रग्रह
खगोल विज्ञानी
पृथ्वी
आकाशगंगा
आकाश
नक्षत्र
ब्रह्मांड
उल्का
चाँद
निहारिका

वेधशाला
ग्रह
रॉकेट
उपग्रह
सूर्य
तारा
सुपरनोवा
दूरबीन
राशि
संसार

16 - Ballett

इ	त	त	र	स	र	य	ण	फ	द	ढ	ञ	ख	य	ढ	उ
श	◌ी	म	◌ा	छ	ऊ	च	ल	ए	व	ब	ऊ	ट	छ	ख	श
◌ा	व	ब	स	ल	◌ी	◌ै	श	ह	ड	ख	आ	आ	ध	र	ञ
र	◌्	◌ै	स	◌ं	ग	◌ी	त	क	◌ा	र	स	◌ु	◌ं	द	र
◌ा	र	ल	य	न	द	र	◌्	श	क	ड	छ	च	श	प	स
ण	त	◌े	म	र	स	र	व	न	थ	ल	ह	द	घ	ड	ष
न	◌ा	ध	ल	◌्	श	ष	◌ि	ऊ	ख	थ	ऊ	ब	ह	घ	ण
◌ृ	द	फ	ट	त	त	भ	घ	ह	स	◌ू	च	क	ए	फ	इ
त	घ	र	त	क	ण	प	ड	ण	र	प	आ	ऊ	ण	ब	प
◌्	त	ण	त	◌ि	प	ख	भ	ख	छ	◌्	ल	च	छ	ठ	ह
य	ढ	आ	ड	य	◌ो	◌ं	श	◌ि	प	◌े	स	◌ं	◌ा	म	उ
क	स	थ	ह	◌ो	क	ल	◌ा	त	◌्	म	क	ल	क	ए	त
ल	त	ग	◌ी	◌ं	स	व	◌ा	ह	व	◌ा	ह	◌ी	श	म	ग
◌ा	ऑ	र	◌्	क	◌े	स	◌्	ट	◌्	र	◌ा	ट	ञ	◌ौ	आ
त	क	न	◌ी	क	श	ध	फ	ठ	आ	व	म	र	ह	द	क
ञ	ख	प	ध	ड	म	ढ	ए	ढ	थ	भ	ब	ल	च	थ	म

सुंदर
वाहवाही
सूचक
बैले
नृत्यकला
कौशल
इशारा
तीव्रता
संगीतकार
कलात्मक

संगीत
मांसपेशियों
ऑर्केस्ट्रा
रिहर्सल
दर्शक
ताल
एकल
शैली
नर्तकियों
तकनीक

17 - Geologie

क	म	न	ल	फ	क	म	ग	ख	स	स	ल	ढ	ष	ह	स
श	◌ै	प	ठ	◌ा	र	◌्	क	च	इ	भ	भ	च	य	य	◌्
ल	त	ल	घ	◌ु	क	त	व	ज	◌ी	व	◌ा	श	◌्	म	ट
◌ा	ट	फ	◌्	ग	ण	◌्	ग	◌ा	◌ं	◌ू	म	त	च	ञ	◌ै
व	◌ा	ट	क	श	ड	म	र	च	र	प	त	◌्	थ	र	ल
◌ा	ढ	ण	म	ज	◌ि	न	ख	◌ि	य	◌्	ब	ढ	इ	त	◌े
घ	फ	ष	श	घ	स	य	◌ी	ठ	स	त	ट	व	र	◌्	क
भ	छ	च	ग	र	ए	ढ	म	च	स	◌्	श	◌्	उ	ष	◌्
ब	आ	ब	ऊ	ल	स	य	◌ु	ए	ञ	ऊ	ट	च	ज	◌े	ट
ऊ	न	र	ड	य	भ	ढ	ल	उ	ञ	र	म	ल	द	◌्	◌ि
ढ	च	भ	उ	च	ध	ग	◌ा	द	आ	त	ण	र	व	क	ट
श	ढ	भ	◌ू	क	◌ं	प	व	◌ी	द	◌्	◌ा	ह	म	ह	स
ख	ए	त	ध	थ	घ	न	◌ा	ध	थ	ष	भ	ढ	ऊ	श	ह
न	ध	ठ	उ	य	ए	ड	◌्	प	◌ि	घ	ल	◌ा	ह	◌ु	आ
घ	ञ	ख	स	थ	ख	ञ	ज	व	त	ल	व	व	ह	न	न
छ	उ	य	फ	ढ	प	प	ल	ठ	स	उ	न	ऊ	ऊ	ब	ए

भूकंप
कटाव
जीवाश्म
पिघला हुआ
गुफा
कैल्शियम
महाद्वीप
मूंगा
क्रिस्टल
लावा
खानिज
पठार
क्वार्ट्ज
नमक
एसिड
स्टैलेक्टिट
पत्थर
ज्वालामुखी
क्षेत्र
चक्र

18 - Wissenschaft

भ	अ	ग	ु	र	ु	त	्	व	ा	क	र	्	ष	ण	प
र	ण	स	ढ	ऊ	ञ	फ	य	उ	ख	ध	ष	ञ	त	भ	र
ञ	ु	ष	र	ब	फ	द	द	म	ब	घ	घ	न	छ	ौ	म
फ	ओ	न	न	ञ	आ	आ	घ	ख	च	स	ग	घ	प	त	ा
प	ं	छ	ख	र	य	ु	ा	व	ल	ज	ए	स	्	ि	ण
व	र	र	ट	ग	्	ध	प	ो	ि	ध	ध	द	र	क	ु
ञ	ऊ	ि	ह	स	थ	ड	भ	ज	ण	क	उ	ह	य	व	ञ
र	ब	ब	क	द	त	े	र	ड	ख	फ	ा	ष	ो	ि	ध
र	स	ड	व	ल	श	ट	प	घ	ष	न	त	स	ग	ज	इ
ए	छ	ब	ठ	ड	्	ा	थ	व	ढ	थ	ि	ए	फ	्	घ
न	ध	थ	ख	ग	छ	प	र	फ	ग	र	क	ज	छ	ञ	प
म	प	ौ	ध	े	ए	ख	न	य	थ	आ	ृ	क	ण	ा	ल
र	ा	स	ा	य	न	ि	क	ा	घ	व	र	व	भ	न	ध
व	ै	ज	्	ञ	ा	न	ि	क	म	श	्	व	ा	ौ	ज
प	्	र	य	ो	ग	श	ा	ल	ा	द	प	म	प	आ	छ
द	च	स	ल	च	ए	ह	च	आ	श	त	र	ौ	क	ा	ए

परमाणु
रासायनिक
डेटा
विकास
प्रयोग
जीवाश्म
परिकल्पना
जलवायु
प्रयोगशाला
तरीका
खनिज
अणुओं
प्रकृति
जीव
कण
पौधे
भौतिक विज्ञान
गुरुत्वाकर्षण
तथ्य
वैज्ञानिक

19 - Bildende Kunst

म	प	म	च	र	र	ऊ	स	ञ	द	ड	आ	इ	न	ञ	ष
◌ो	र	घ	इ	◌ी	फ	च	इ	भ	आ	ध	च	ि◌	त	◌्	र
म	ि◌	ष	ण	क	◌ा	च	न	ण	य	स	य	ञ	म	ण	ञ
ल	प	ब	र	◌ा	ढ	आ	ड	◌ा	श	व	न	न	प	म	ट
क	◌्	इ	ष	र	च	छ	ब	द	त	ध	ध	छ	भ	ल	च
क	र	ल	ग	त	ढ	उ	द	घ	ट	◌्	म	ञ	न	प	ि◌
ल	◌े	◌ा	स	◌्	ट	◌ै	◌ं	स	ि◌	ल	म	आ	न	त	त
◌ा	क	क	श	ि◌	म	ि◌	ट	◌्	ट	◌ी	ल	क	र	इ	◌्
क	◌्	त	श	च	◌ं	र	च	न	◌ा	द	◌्	ब	त	आ	र
◌ा	ष	ि◌	न	भ	ख	◌े	ध	ग	र	न	ि◌	थ	ब	◌ा	फ
र	◌्	र	ल	स	फ	स	प	ऊ	ढ	ऊ	फ	छ	घ	न	ल
क	य	◌्	ए	ए	प	व	◌ा	स	◌्	त	◌ु	क	ल	◌ा	क
◌ृ	त	◌ू	ऊ	व	ह	व	◌ा	र	◌्	न	ि◌	श	ल	ध	श
त	भ	म	ष	आ	ए	न	ऊ	ल	ल	ढ	ब	इ	व	य	ब
ि◌	त	इ	त	ह	व	उ	ल	म	द	म	फ	स	घ	ण	ब
ग	ख	ऊ	ड	ह	त	स	◌्	व	◌ी	र	इ	छ	व	ढ	छ

वास्तुकला
पेंसिल
फिल्म
तस्वीर
चित्रकारी
रचनात्मकता
चाक
कलाकार
वार्निश
कृति

परिप्रेक्ष्य
चित्र
स्टैंसिल
मूर्तिकला
चित्रफलक
कलम
मिट्टी
मोम
रचना

20 - Sport

म	ह	म	य	ढ	ढ	व	म	ल	थ	द	ध	क	ल	छ	स
त	◌ा	च	थ	ल	ह	ट	व	त	इ	छ	य	◌ा	क	त	श
क	द	◌ं	◌्	ड	◌ृ	ठ	य	ख	क	ए	घ	र	◌्	ए	र
◌ि	ठ	य	स	ञ	द	ब	च	म	◌्	भ	प	◌्	ष	द	◌ी
ध	प	ख	◌्	प	य	ट	ग	ण	ष	◌ो	प	य	◌्	ए	र
अ	च	◌ि	व	म	◌े	थ	ख	म	म	य	ण	क	य	म	र
ञ	य	ल	◌ा	ब	न	श	फ	घ	त	त	ड	◌्	ष	च	आ
ह	◌ा	◌ा	◌्	य	श	प	◌ि	आ	◌ा	ऊ	स	र	उ	ख	र
ड	प	ड	स	त	क	◌ा	त	य	ह	ञ	थ	म	द	इ	ह
◌्	च	◌़	ट	◌्	ड	प	ट	ध	◌ो	◌ा	च	च	छ	ध	त
ड	य	◌ो	र	◌ृ	फ	ष	ठ	ह	थ	◌ं	र	ष	थ	छ	च
◌ि	स	आ	म	न	◌ा	ल	◌ा	च	ल	क	◌ि	इ	◌ा	स	ण
य	ऊ	स	ऊ	ह	आ	◌े	ल	◌ो	ग	न	ध	छ	ठ	ण	ख
◌ो	ख	र	ध	स	न	ख	उ	क	ण	ठ	◌ा	श	र	ह	ल
◌ं	ण	ल	ण	भ	इ	च	फ	स	ठ	ध	च	ह	र	इ	ड
ढ	व	य	ञ	ढ	म	भ	ट	छ	ष	स	इ	इ	ब	ण	च

खिलाड़ी
सहन
आहार
पोषण
क्षमता
स्वास्थ्य
टहलना
हृदय
हड्डियों
शरीर

अधिकतम
चयापचय
मांसपेशियों
कार्यक्रम
साइकिल चलाना
खेल
ताकत
नृत्य
कोच
लक्ष्य

21 - Mythologie

म	त	ऊ	त	भ	म	ण	ण	न	ज	◌ृ	स	आ	ड	ख	म
ज	◌ा	त	र	म	अ	थ	ह	श	ख	ढ	व	प	ग	स	◌ू
◌ा	क	ए	ल	ऊ	य	◌ा	ष	◌्	◌्	र	ई	द	भ	छ	ल
द	त	य	य	ञ	ग	क	ह	व	ग	य	न	◌ा	ड	ड	र
◌ु	ठ	द	स	प	च	त	छ	र	प	छ	फ	ञ	श	प	◌ू
ई	ट	श	ग	ठ	व	◌ं	स	◌ं	स	◌्	क	◌ृ	त	◌ि	प
व	ह	व	इ	ट	ए	द	व	◌्	य	व	ह	◌ा	र	ठ	आ
ग	थ	ऊ	ग	च	ब	द	ल	◌ा	म	प	य	ह	ञ	ट	द
इ	ऊ	ञ	इ	ष	च	फ	ष	प	भ	ध	◌ो	ग	ध	स	र
ञ	इ	ऊ	श	इ	व	छ	ह	फ	भ	प	द	प	ख	श	◌्
र	ल	ट	आ	भ	त	य	ञ	स	ढ	त	◌्	थ	प	ट	श
य	◌ा	ल	◌ै	भ	◌ु	ल	◌ू	भ	◌्	म	ध	ब	ग	र	ज
ऊ	न	क	ऊ	ध	◌ं	◌ी	ण	ञ	भ	व	◌ा	ट	ग	फ	ट
त	घ	◌ा	◌्	थ	ज	ज	ठ	र	प	ल	र	श	य	ण	च
ह	त	ल	य	ष	म	◌ि	ढ	ध	ग	ऊ	भ	◌्	आ	ग	य
फ	ब	फ	ब	क	स	ब	ग	प	ह	र	ट	ढ	ग	ञ	फ

मूलरूप आदर्श
बिजली
गरज
ईर्ष्या
नायक
स्वर्ग
आपदा
सृजन
जंतु
योद्धा
संस्कृति
भूलभुलैया
दंतकथा
जादुई
राक्षस
बदला
ताकत
नश्वर
अमरता
व्यवहार

22 - Restaurant #2

स	द	◌ा	ल	स	ल	प	य	ह	स	ट	ग	क	प	ञ	भ
◌्	म	◌ो	स	◌ू	प	ह	फ	ब	ब	ब	ख	◌्	◌े	र	आ
व	छ	ढ	प	ठ	व	ह	ब	ध	◌्	ल	ट	ष	य	क	र
◌ा	ल	ष	ण	ह	द	ञ	र	स	ज	इ	प	◌ु	स	ल	◌ा
द	◌ी	ए	प	इ	र	ञ	◌्	ए	◌ि	ग	स	ध	ड	श	त
◌ि	न	न	ध	छ	ट	क	फ	द	य	ब	न	◌ा	ञ	ब	क
ष	श	ड	ढ	ए	◌े	य	◌ा	ट	◌ा	फ	ठ	व	ढ	ढ	◌ा
◌्	ग	श	श	म	व	छ	ठ	भ	◌ं	य	ल	र	ह	ध	ख
ट	प	◌ा	न	◌ी	ण	ल	इ	ढ	◌ो	न	ए	◌्	न	ठ	◌ा
ऊ	न	क	श	न	च	त	ष	इ	म	ज	ल	ध	ग	ह	न
ह	ग	◌ु	ञ	म	प	ध	ट	य	स	स	न	क	भ	ञ	◌ा
ऊ	भ	र	न	क	त	ञ	प	ख	◌ा	ण	भ	उ	ए	उ	उ
ह	श	◌्	ढ	क	◌ा	◌ं	ट	◌ा	ल	म	य	ऊ	फ	स	व
य	ट	स	ल	◌्	ड	◌ू	न	घ	◌े	ह	ड	य	ध	प	च
फ	ध	◌ी	न	ए	र	ग	ट	म	स	ट	थ	य	ट	ढ	घ
च	म	◌्	म	च	म	ख	ग	ख	ग	ग	इ	च	श	ठ	य

रात का खाना
बर्फ
मछली
फल
कांटा
सब्जियां
पेय
मसाले
वेटर
स्वादिष्ट

केक
चम्मच
दोपहर का भोजन
नूडल्स
सलाद
नमक
कुर्सी
सूप
क्षुधावर्धक
पानी

23 - Boote

च	ब	स	न	ष	इ	ञ	द	ठ	य	त	ट	त	घ	ठ	ढ
म	र	म	ठ	ठ	ध	न	ह	आ	त	श	ढ	स	र	य	व
ए	द	◌ु	ठ	ब	श	ढ	च	आ	ए	ढ	इ	ऊ	भ	घ	ढ
स	स	द	ग	घ	श	ह	ऊ	व	इ	थ	इ	ठ	र	य	व
ट	प	◌्	ख	ट	ध	ण	स	ल	श	द	ञ	ग	फ	ऊ	च
◌ं	य	र	◌ू	◌्	क	म	म	ष	ष	य	स	ऊ	स	ट	व
◌े	द	◌ी	ऊ	छ	ल	फ	◌ु	ढ	ष	व	ल	ठ	ज	ट	श
र	स	◌्	स	◌ी	ब	ब	द	ष	क	घ	ब	ट	◌्	ब	घ
ह	ट	ञ	ग	घ	स	म	◌्	आ	व	ऊ	ध	ण	व	ष	ध
ल	त	◌ू	◌्	स	म	◌े	र	स	◌ि	त	ड	◌़	◌ा	◌े	ब
◌ी	◌ी	य	भ	ड	श	ञ	ल	स	◌ा	ग	र	ण	र	ठ	च
झ	◌्	ऊ	ग	◌ी	◌ं	◌ो	ड	ब	न	प	व	न	ए	व	भ
न	श	म	ग	◌ो	ल	◌ं	ग	र	◌ो	फ	ल	ढ	द	ल	ब
◌ौ	क	ब	ण	ह	द	ऊ	आ	ए	ञ	ट	इ	स	ट	◌ी	◌ो
क	ख	ष	स	ट	व	◌ी	इ	आ	ब	ब	ह	आ	फ	श	य
◌ा	आ	ए	थ	ल	ण	इ	◌ं	ज	न	स	ध	ल	ह	ब	◌ा

लंगर
बोया
क्रू
गोदी
बेड़ा
नदी
कश्ती
डोंगी
मस्तूल
समुद्र
इंजन
समुद्री
सागर
झील
नाविक
सेलबोट
रस्सी
ज्वार
लहरें
नौका

24 - Stadt

ग	◌ै	ल	र	◌ी	ग	इ	आ	ढ	श	य	स	ऊ	ञ	ञ	घ
द	व	ह	◌ी	फ	ण	फ	ऊ	य	स	ल	◌ु	य	ख	छ	थ
ट	◌ि	व	क	छ	घ	द	इ	ण	द	क	प	श	ढ	ध	न
च	श	◌ा	◌े	म	भ	ठ	य	ल	ह	◌ा	र	ग	◌ृ	◌ं	स
ग	◌ृ	ई	ब	य	छ	च	ट	घ	द	त	म	ऊ	ट	ग	◌ी
भ	व	अ	ट	ड	स	थ	ल	व	ल	स	◌ा	द	न	ब	म
म	व	ड	छ	◌ि	उ	श	◌ि	आ	घ	◌ृ	र	ध	ए	ह	◌े
◌ा	◌ि	◌ृ	छ	ट	ब	ढ	प	ए	ष	◌ु	◌ृ	म	श	ऊ	र
न	द	ड	उ	◌े	ह	◌ा	ऊ	ञ	ट	प	क	◌ं	◌ै	ब	◌ृ
◌े	◌ृ	◌ा	य	◌ृ	व	◌ो	ज	ढ	थ	र	◌े	ए	ञ	छ	◌ा
◌ि	य	त	ल	स	ग	आ	ट	◌ा	ख	र	ट	ध	ठ	ष	फ
स	◌ा	भ	ध	◌ै	द	छ	फ	ल	र	र	प	म	ध	ट	ऊ
◌ृ	ल	म	य	ल	न	◌ा	ज	◌ो	भ	द	ञ	उ	ख	ड	न
क	य	ध	र	◌ू	च	◌ि	ड	◌़	◌ि	य	◌ा	घ	र	ठ	द
◌ू	ण	श	क	न	◌ि	ल	◌ि	◌ृ	क	र	ण	थ	ए	ऊ	ञ
ल	◌ा	व	◌ा	ल	◌ू	फ	ब	च	ठ	द	द	घ	ल	द	य

फ़ार्मेसी
बैंक
बेकरी
पुस्तकालय
फूलवाला
हवाई अड्डा
गैलरी
होटल
सिनेमा
क्लिनिक
बाजार
संग्रहालय
भोजनालय
सैलून
स्कूल
स्टेडियम
सुपरमार्केट
थिएटर
विश्वविद्यालय
चिड़ियाघर

25 - Aktivitäten

प	त	म	न	ध	ऊ	ड	ध	आ	न	◌ं	द	म	श	श	श
ए	ढ	ट	म	ऊ	घ	च	◌ि	ग	ए	ट	ग	ध	ञ	◌ि	ह
श	ह	◌़	ई	द	फ	य	व	ख	ढ	व	त	क	श	क	र
श	ञ	य	न	◌ू	न	ह	◌ि	भ	द	य	द	◌ौ	र	◌ा	ख
ञ	ऊ	य	◌ा	◌ा	◌ी	◌ृ	◌ि	र	प	ड	त	श	इ	र	स
म	घ	ट	◌ु	ज	व	ऊ	त	◌ो	◌ं	◌ि	ह	ल	फ	क	ख
द	छ	ई	ब	ए	◌ा	स	ग	◌्	द	ह	स	◌े	◌ो	र	स
म	ट	ल	फ	ड	ग	ए	ऊ	छ	य	उ	न	ख	ट	न	य
ए	ब	◌ा	◌ी	श	◌ा	क	व	अ	ए	द	ह	प	◌ो	◌ा	र
छ	ग	◌ि	ट	प	ब	आ	प	प	द	ठ	य	द	ग	थ	आ
ड	ञ	स	घ	ठ	क	द	ल	इ	य	म	न	य	◌्	उ	ट
ब	म	थ	न	◌ा	ल	ड	◌ा	र	◌ा	◌े	ड	भ	र	ग	ए
श	◌ि	ल	◌्	प	ऊ	ह	◌़	द	ध	द	श	त	◌ा	ए	ए
त	च	ह	छ	ह	ड	ध	य	न	ध	आ	छ	श	फ	ठ	ञ
थ	व	◌ि	श	◌्	र	◌ा	म	ल	◌े	क	ल	◌ा	◌ी	ढ	आ
च	◌ि	त	◌्	र	क	◌ा	र	◌ी	म	थ	ध	आ	त	य	आ

गातोविधे
मछली पकड़ने
डेरा डालना
विश्राम
कौशल
फोटोग्राफी
अवकाश
बागवानी
चित्रकारी
हितों
शिकार करना
कला
शिल्प
पढ़ना
जादू
सिलाई
खेल
बुनाई
नृत्य
आनंद

26 - Bienen

इ	भ	झ	◌ु	◌ं	ड	स	ठ	इ	भ	छ	ष	प	त	इ	घ
ध	◌ो	र	ए	स	ढ	ग	◌ू	आ	ञ	ब	न	ष	ब	आ	स
न	ज	न	ध	◌ु	आ	◌ॅ	ध	र	◌ी	क	◌ा	भ	◌ा	ल	स
य	न	ल	◌े	न	य	भ	ड	ड	◌्	ब	ख	ह	ख	ड	आ
ह	उ	ध	◌ौ	श	छ	श	ह	द	छ	य	ग	ग	ऊ	उ	म
ञ	ण	य	प	प	ड	उ	ल	च	त	त	फ	◌ी	म	◌ो	म
ल	ढ	इ	ढ	द	आ	उ	प	भ	ह	◌ा	◌्	र	च	ब	र
ठ	थ	ल	फ	प	र	◌ा	ग	स	प	ध	ग	त	य	◌ा	म
च	ल	म	◌ू	प	य	य	य	भ	र	व	ग	इ	◌ा	य	ए
न	न	◌ा	ल	◌ि	ख	ब	थ	ए	◌ा	◌ि	ऊ	घ	व	फ	उ
उ	प	क	◌ी	ट	स	र	ल	ड	ग	◌ि	द	ढ	ह	ब	ख
इ	◌ं	ण	ञ	ण	प	ए	च	ट	ण	व	च	ध	भ	इ	स
य	ख	आ	ऊ	ञ	म	ए	ए	भ	क	ऊ	भ	ह	ह	ह	ध
ल	म	ठ	ण	च	ह	न	इ	ड	न	इ	द	ञ	उ	ह	घ
ब	ए	त	ञ	ष	फ	र	ह	प	आ	फ	स	ष	ऊ	ख	च
घ	भ	व	त	प	र	◌ा	न	◌ी	ट	ह	ड	ख	इ	ब	ष

परागणक
छत्ता
फूल
खिलना
भोजन
पंख
फल
बगीचा
शहद
कीट
रानी
पौधे
पराग
धुआँ
झुंड
सूर्य
विविधता
लाभकारी
मोम

27 - Wissenschaftliche Disziplinen

प	◌ु	र	◌ा	त	त	◌्	व	ठ	ख	म	भ	फ	ज	स	भ
त	ठ	ऊ	ल	ढ	ण	र	ए	त	न	न	◌ौ	◌ि	◌ी	फ	◌ू
आ	भ	ए	थ	ग	आ	घ	ञ	फ	◌ि	◌ो	त	ज	व	इ	व
उ	ल	ष	भ	इ	आ	ब	ड	ढ	ज	व	◌ि	◌ि	व	न	◌ि
र	◌ो	ब	◌ो	ट	◌ि	क	◌्	स	व	◌ि	क	य	◌ि	ञ	ज
ञ	र	घ	ग	घ	स	ठ	घ	च	◌ि	ज	व	◌ो	ज	◌ा	◌्
ज	◌ी	व	र	स	◌ा	य	न	इ	द	◌्	◌ि	ल	◌्	ज	ञ
उ	भ	ञ	व	थ	ञ	ख	च	ल	◌्	ञ	ज	◌ॉ	ञ	◌्	◌ा
न	क	◌ी	र	◌ि	त	◌्	◌ं	◌ा	य	◌ा	◌्	ज	◌ा	व	न
उ	आ	र	न	ल	ए	घ	ड	ड	◌ा	न	ञ	◌ी	न	◌ि	ब
ग	ट	त	ट	व	र	त	◌्	स	◌्	श	◌ा	ज	◌ा	म	स
य	ण	ण	ध	न	ञ	◌ा	ज	◌्	व	◌ि	न	य	◌ा	स	र
क	◌ा	इ	न	◌्	स	◌ि	य	◌ो	ल	◌ॉ	ज	◌ी	न	◌ौ	र
भ	◌ा	ष	◌ा	व	◌ि	ज	◌्	ञ	◌ा	न	ण	फ	म	म	ठ
ठ	ष	ध	घ	घ	श	र	◌ी	र	र	च	न	◌ा	न	प	म
ख	ग	◌ो	ल	व	◌ि	ज	◌्	ञ	◌ा	न	थ	ए	प	ग	आ

शरीर रचना
पुरातत्व
खगोल विज्ञान
जीव रसायन
जीवविज्ञान
रसायन विज्ञान
भूविज्ञान
काइन्सियोलॉजी
भाषाविज्ञान
यांत्रिकी
मौसम विज्ञान
खनिज विद्या
भौतिक विज्ञान
फिजियोलॉजी
मनोविज्ञान
रोबोटिक्स
समाज शास्त्र

28 - Vögel

म	ग	ह	भ	व	च	भ	र	त	◌ू	ब	क	ड	आ	ट	ट
प	◌ू	◌ौ	ठ	उ	फ	ड	◌ा	◌ं	अ	स	घ	भ	आ	◌ू	ठ
ष	छ	र	र	ग	श	छ	ज	भ	ऊ	ल	ब	घ	◌ौ	क	थ
न	म	श	◌्	◌ै	ढ	ख	ह	उ	ल	◌्	ल	◌ू	क	◌े	छ
ञ	भ	ठ	ग	ख	य	फ	◌ं	त	ग	द	त	इ	◌ो	न	द
आ	र	म	स	त	म	◌ा	स	च	ई	म	◌ो	र	य	ह	घ
ट	द	छ	स	ब	ष	न	ष	ठ	ह	◌ं	स	त	ल	ठ	ष
ह	व	◌ा	स	◌ी	ल	◌ा	◌ु	ग	ब	ऊ	र	न	◌ो	प	त
ग	न	च	ड	स	ग	ऊ	घ	ष	ल	प	◌ा	ब	म	त	ष
म	श	त	न	ल	स	स	क	ख	◌्	ग	स	ड	त	ण	◌ा
न	व	ञ	र	घ	ध	ट	◌ा	स	स	य	ब	य	ए	ड	ग
च	आ	ग	ड	ड	ए	प	ल	च	ग	ख	द	भ	ह	ण	फ
प	◌े	◌ं	ग	◌ु	इ	न	◌ा	◌ि	उ	फ	ग	ध	ल	प	छ
ऊ	ऊ	स	प	म	ल	ढ	क	क	ध	भ	ऊ	ध	व	र	छ
व	ख	थ	ग	ड	य	न	◌ौ	न	ढ	ख	श	ट	ट	उ	ऊ
व	ब	म	ष	ण	फ	म	आ	ढ	श	ण	घ	उ	उ	ए	स

ईगल
अंडा
बतख
उल्लू
राजहंस
चिकन
कौआ
कोयल
मूर्ख मनुष्य
तोता

हवासील
मोर
पेंगुइन
काला कौआ
बगुला
हंस
गौरैया
सारस
कबूतर
टूकेन

29 - Biologie

द	उ	च	ण	ऊ	च	ध	श	ऊ	ब	छ	इ	ठ	क	ग	स
ग	भ	इ	ठ	भ	ड	ढ	उ	र	य	स	ध	ए	◌ो	म	◌ि
◌ु	र	◌ो	ग	ज	न	क	त	भ	◌ी	न	ढ	ञ	ल	ह	म
ण	श	ब	म	र	थ	प	◌्	◌्	प	र	स	ल	◌े	स	◌्
स	ण	त	छ	ड	र	◌्	प	र	◌ा	◌ॉ	र	इ	ज	म	ब
◌ू	क	घ	म	र	ग	र	र	◌ू	न	य	ह	च	न	इ	◌ा
त	ल	◌ा	आ	भ	◌्	◌ा	◌ि	ण	त	◌ू	र	ह	न	ज	य
◌्	ष	फ	◌ि	ए	र	क	व	ऊ	◌्	◌्	थ	ढ	म	◌ा	◌ो
र	म	ल	भ	व	◌्	◌ृ	र	फ	स	न	फ	छ	◌ो	◌ं	स
ढ	ण	य	स	थ	त	त	◌्	ढ	अ	स	म	स	र	ए	◌ि
इ	श	ण	र	थ	◌्	◌ि	त	प	◌ौ	ध	◌े	घ	◌्	फ	स
स	ञ	त	◌ी	ह	न	क	न	ऊ	व	ख	द	ध	◌ा	ध	व
च	ञ	छ	स	द	अ	य	ह	य	आ	न	घ	ह	ह	म	ल
ब	ण	स	◌ृ	फ	थ	ब	य	न	ट	◌ी	र	◌ो	◌्	प	ढ
थ	ञ	च	प	ञ	ठ	व	ट	ध	स	प	व	ख	श	फ	ह
य	ब	ध	म	भ	प	ट	ढ	ष	ध	उ	घ	त	ल	छ	ठ

शरीर रचना
गुणसूत्र
भ्रूण
एंजाइम
रोगजनक
विकास
हार्मोन
कोलेजन
उत्परिवर्तन
प्राकृतिक
नस
न्यूरॉन
असमस
पौधे
प्रोटीन
सरीसृप
स्तनपायी
सिम्बायोसिस
अन्तर्ग्रंथन
सेल

30 - Elektrizität

घ	ह	च	म	ज	न	क	ट	च	न	भ	थ	ध	ब	ख	ठ
इ	ख	क	◌ा	उ	ल	◌े	ज	र	◌े	ढ	◌ं	ल	व	द	आ
ख	उ	म	त	उ	ध	ब	ग	त	ट	न	र	ड	ख	ए	प
क	म	त	◌्	र	◌ा	◌ा	क	स	व	व	फ	ह	◌ा	र	उ
ञ	ष	◌्	र	प	भ	घ	ब	ख	र	प	ख	ग	व	र	ध
श	ठ	र	◌ा	छ	व	र	◌ि	उ	◌्	द	च	भ	स	ण	ण
उ	त	◌ा	न	म	ग	उ	ज	स	क	प	◌ी	द	◌्	फ	र
व	ण	◌ा	न	ज	व	◌ि	ल	◌ी	◌े	ट	ध	ए	त	च	क
क	फ	क	ए	ल	श	र	◌ी	भ	ढ	क	च	श	◌ु	◌ु	प
ढ	◌े	न	ट	◌े	ल	◌ी	फ	◌ो	न	◌े	ख	ए	ओ	◌ं	उ
इ	प	ब	ष	प	ष	स	फ	श	उ	◌ॉ	प	ञ	◌ं	ब	ऊ
त	द	ध	ल	भ	ध	भ	ण	य	न	स	ञ	छ	ट	क	ब
ठ	◌ा	घ	फ	इ	आ	फ	छ	ध	फ	ट	फ	स	ञ	म	भ
य	न	र	ब	◌ै	ट	र	◌ी	ण	ल	ल	ए	च	भ	त	ञ
ह	छ	फ	◌ो	च	च	ऊ	च	त	च	ब	ए	ध	ठ	उ	र
ऊ	थ	प	न	◌ं	ब	◌ि	ज	ल	◌ी	क	◌ा	र	◌ी	ग	र

उपकरण
बैटरी
तारों
बिजली कारीगर
बिजली
टेलीविजन
जनक
केबल
भंडारण
दीपक

लेजर
चुंबक
मात्रा
नकारात्मक
नेटवर्क
वस्तुओं
सकारात्मक
सॉकेट
टेलीफोन

31 - Garten

ऊ	ड	च	ए	फ	स	य	त	ष	ब	ल	◌ा	◌ा	त	ब	ट
य	प	च	म	ठ	स	उ	ण	थ	व	ग	त	ग	श	ण	ट
ट	फ	भ	ऊ	ट	न	च	थ	न	त	श	◌ी	ल	न	ढ	म
द	ग	इ	ख	म	फ	श	य	ए	स	ऊ	ष	च	◌ं	◌े	ब
ञ	स	ह	घ	थ	ड	थ	ड	म	श	भ	च	ट	◌ा	फ	भ
ल	ध	ड	ख	त	च	ह	ग	ख	म	ठ	प	◌्	आ	ल	ग
उ	ण	ख	थ	य	ड	◌़	◌ा	ब	ल	ए	घ	र	ल	◌ो	◌ै
ट	ह	उ	व	ट	◌़	ल	◌ॉ	न	ए	◌ू	छ	◌े	द	द	र
ञ	र	ल	ख	र	◌े	क	स	ध	ख	न	फ	म	ए	◌्	◌े
थ	छ	छ	ष	ह	प	म	◌ा	त	म	प	◌ा	◌्	स	य	ज
ख	ट	य	ड	इ	प	घ	ब	◌ु	श	ऊ	व	प	थ	◌ा	य
आ	ठ	ह	छ	य	उ	◌ा	ट	ड	ब	ख	ड	◌ो	झ	न	ध
ब	र	◌ा	म	द	◌ा	स	इ	थ	ऊ	ढ	◌़	ल	◌ू	ट	च
ञ	ब	द	छ	छ	ण	ल	त	ढ	ग	ह	◌ा	◌ि	ल	म	भ
ढ	न	ट	त	त	च	थ	ण	ह	र	छ	ध	न	◌ा	म	च
ध	म	ञ	ह	प	ष	घ	ख	य	ख	य	त	ञ	ल	व	प

बेंच
पेड़
फूल
बुश
गैरेज
बगीचा
घास
झूला
फलोद्यान
लॉन
रेक
फावड़ा
नली
तालाब
छत
ट्रेम्पोलिन
मातम
बरामदा
बाड़

32 - Antarktis

प	श	ष	च	न	ए	ड	म	र	ब	े	द	न	म	ि	ह
र	य	ो	ल	फ	भ	उ	र	ण	ण	ब	ऊ	ी	द	ड	व
्	ञ	फ	ध	ट	र	ण	द	ख	ए	ष	इ	ा	ध	य	ा
य	ब	ध	भ	क	ठ	इ	फ	ड	न	म	ा	प	ा	त	ओ
ा	च	प	ह	म	र	व	ढ	म	थ	ए	ऊ	ठ	ट	च	ं
व	घ	क	थ	ऊ	ऊ	्	स	्	थ	ल	ा	क	ृ	त	ि
र	व	्	ख	ध	ख	य	त	इ	न	य	ा	ि	भ	अ	श
ण	ण	ष	क	्	र	ं	स	ा	य	उ	व	ी	ल	ट	आ
प	व	ी	द	्	ा	ह	म	प	थ	ध	ए	घ	र	च	आ
उ	द	स	ठ	थ	फ	द	त	ख	ख	म	द	ह	ड	थ	उ
ब	र	्	फ	भ	म	ौ	स	म	प	्	र	व	ा	स	प
ख	छ	आ	ड	ू	उ	फ	ल	ठ	प	फ	व	फ	श	आ	ऊ
न	न	श	ञ	ग	ढ	श	च	फ	ण	न	फ	घ	र	ट	ऊ
म	भ	ि	इ	ो	ष	ख	ढ	ब	ब	ण	ड	इ	य	ठ	र
ध	भ	ट	ज	ल	प	्	र	ा	य	द	्	व	ी	प	च
थ	व	ै	ज	्	ञ	ा	न	ि	क	व	न	ध	म	ठ	ल

बे
बर्फ
संरक्षण
अभियान
पथरीला
शोधकर्ता
भूगोल
हिमनद
प्रायद्वीप
महाद्वीप

प्रवास
खनिज
तापमान
स्थलाकृति
पर्यावरण
पक्षी
पानी
मौसम
हवाओं
वैज्ञानिक

33 - Fahren

ट	ड	भ	ग	◌ै	स	प	ख	ग	ट	◌्	र	क	प	ग	छ
ञ	घ	न	ख	र	ढ	ख	◌ु	व	◌ै	प	ञ	ए	र	ग	य
आ	उ	य	त	ठ	◌ं	ग	ध	ल	उ	र	ब	स	◌ि	ष	ल
ग	ए	ए	र	व	च	◌ु	र	ट	◌ि	व	◌े	छ	व	छ	प
इ	इ	ए	◌ा	ढ	उ	म	स	ऊ	न	स	स	ज	ह	य	य
ढ	ष	उ	प	ञ	ष	◌ो	स	र	◌ौ	ए	न	ट	न	ग	ध
इ	भ	य	त	ए	ड	ट	◌े	प	ध	म	ष	म	ह	ब	क
ग	त	◌ि	ढ	उ	म	र	◌ं	य	◌ा	त	◌ा	य	◌ा	त	◌ा
थ	ण	ण	र	ष	◌ो	स	इ	ब	व	त	ख	ट	प	फ	र
न	क	◌्	श	◌ा	ट	◌ा	◌ा	◌्	◌ा	च	न	फ	ध	द	ग
ध	प	ठ	ड	क	र	इ	ल	र	स	छ	च	ञ	थ	ह	आ
◌ं	ण	घ	म	◌्	ध	क	ढ	◌े	प	ल	च	उ	म	घ	प
ई	र	व	च	र	ह	◌ि	भ	क	ट	च	ड	घ	श	त	घ
म	प	छ	छ	◌ु	त	ल	प	उ	ग	च	र	प	ल	र	ल
उ	ल	व	ञ	स	द	◌ु	र	◌्	घ	ट	न	◌ा	घ	भ	स
ढ	ल	ण	ठ	थ	ख	इ	ढ	य	ष	ख	भ	छ	घ	च	ए

कार
ब्रेक
ईंधन
बस
गैरेज
गैस
खतरा
गति
नक्शा
लाइसेंस
ट्रक
मोटर
मोटरसाइकिल
पुलिस
सुरक्षा
परिवहन
सुरंग
दुर्घटना
यातायात
सावधानी

34 - Physik

न	ठ	व	न	आ	इ	त	च	ख	ग	ह	त	ल	च	फ	प
ल	र	ऊ	◌ा	व	छ	ब	ग	ठ	त	द	ञ	ए	◌ु	न	◌्
श	छ	श	भ	◌ृ	व	ठ	ल	र	ह	ड	न	ज	◌ं	इ	र
द	ट	ब	◌ि	त	◌ा	क	ज	◌ा	र	अ	य	ह	ब	स	य
भ	ड	ल	क	◌्	थ	ह	ऊ	स	फ	भ	◌ा	ऊ	क	◌ा	◌ो
म	व	य	◌ी	त	थ	ख	ब	◌ा	घ	ह	◌ं	ण	त	र	ग
ग	◌े	व	य	◌ि	फ	स	न	य	न	ऊ	त	ठ	◌्	◌्	प
◌ै	आ	ए	य	र	त	प	ब	न	त	त	◌्	त	व	व	थ
स	स	प	र	म	◌ा	ण	◌ु	◌ि	◌्	य	र	आ	श	भ	भ
ञ	◌ा	द	फ	छ	ष	ड	क	क	व	च	◌ि	व	श	◌ौ	ए
ल	य	म	उ	ञ	क	प	ऊ	ढ	म	आ	क	ऊ	ण	म	फ
ञ	न	र	◌ॉ	ट	◌्	क	◌्	◌े	ल	इ	◌ी	र	ण	◌ि	ल
ट	थ	न	ल	ष	प	द	घ	ड	ष	भ	व	अ	ध	क	ण
भ	आ	ट	च	ग	◌े	ल	ण	स	ब	इ	ध	म	ण	प	ण
स	फ	न	ग	श	◌ा	भ	न	घ	श	घ	र	ल	इ	◌ु	ह
स	◌ू	त	◌्	र	स	त	◌्	व	र	ण	फ	च	फ	ठ	ह

परमाणु
त्वरण
अराजकता
रासायनिक
घनत्व
इलेक्ट्रॉन
प्रयोग
सूत्र
आवृत्ति
गैस
वेग
चुंबकत्व
मास
यांत्रिकी
अणु
इंजन
नाभिकीय
कण
सापेक्षता
सार्वभौमिक

35 - Bücher

प	द	क	भ	ष	ल	श	◌ी	र	क	◌ा	ष	◌्	ि◌	व	आ
◌ृ	◌्	थ	उ	ह	न	ि◌	य	ल	स	श	न	ख	ऊ	ल	व
ष	व	◌ा	त	प	प	ऊ	ख	ऐ	त	ि◌	ह	◌ा	स	ि◌	क
◌्	◌ं	व	श	य	न	◌्	प	ि◌	ड	इ	छ	ख	ग	भ	ख
ठ	द	◌ा	य	व	ट	◌्	र	ब	त	ऊ	य	ध	ह	र	◌े
ब	◌्	च	ट	◌्	ग	व	य	◌ा	क	व	ि◌	त	◌ा	◌्	ल
व	व	क	ख	क	स	ि◌	ह	◌ा	स	व	ि◌	न	◌ो	द	◌ी
उ	च	आ	ब	◌ा	छ	घ	र	प	स	◌ं	र	ट	र	◌ं	ल
ढ	ह	इ	ध	◌ा	ध	ण	ग	◌ा	छ	फ	ग	द	न	स	ण
श	च	ष	छ	ह	ण	फ	◌्	ठ	भ	उ	ड	ि◌	ऊ	ड	ञ
फ	न	ध	ष	म	ढ	म	◌ं	क	आ	म	इ	श	क	न	ड
घ	छ	उ	ग	छ	उ	थ	स	ख	ह	घ	इ	◌ृ	य	ञ	ठ
व	ढ	म	प	आ	त	न	द	ह	ध	ठ	ग	◌ं	ग	ण	म
ए	ऊ	ध	ध	ड	थ	ग	त	ह	प	ञ	द	ख	◌ु	द	च
स	◌ा	ह	ि◌	त	◌्	य	ि◌	क	द	फ	ड	ल	थ	घ	ध
थ	फ	ढ	ट	थ	ध	ल	थ	ट	थ	न	◌ी	◌ा	ह	क	ढ

साहसिक
लेखक
द्वंद्व
महाकाव्य
आविष्कारशील
कथावाचक
कविता
कहानी
लिखित
ऐतिहासिक

विनोदी
संग्रह
संदर्भ
पाठक
साहित्यिक
प्रासंगिक
उपन्यास
पृष्ठ
शृंखला
दुखद

36 - Menschlicher Körper

फ	क	द	म	घ	थ	ब	ढ	घ	ण	ऊ	श	य	श	क	ल
ध	◌ं	आ	फ	न	आ	ग	ण	◌ु	स	ड	ग	च	ञ	◌ा	व
य	ध	ए	ख	ऊ	च	स	ल	ट	म	ऊ	उ	ञ	म	न	ख
त	◌ा	प	ष	ख	थ	घ	इ	न	◌ु	ढ	ष	प	य	ट	ए
त	त	ध	ग	म	◌ा	◌ि	द	◌ा	◌ँ	ज	◌ी	भ	व	द	ष
छ	त	◌्	क	र	ह	द	ग	ठ	ह	भ	व	उ	ट	ञ	ध
उ	र	च	व	य	◌्	आ	म	ण	ह	स	ग	न	द	ट	श
आ	न	उ	ग	च	क	द	आ	च	ह	ए	ड	फ	इ	◌ि	ल
ठ	◌ो	ड	◌़	◌ी	◌ा	म	न	◌े	न	ख	ट	ब	च	ल	ल
फ	न	म	त	ड	न	घ	◌ी	ह	आ	थ	आ	ध	ग	◌ी	इ
ढ	म	ह	छ	ब	ह	ड	ह	र	◌ि	स	ट	◌ा	◌ं	ग	ल
छ	स	ध	व	ध	ण	व	◌ो	◌ा	ऊ	र	ख	◌़	व	◌ं	ध
ड	ग	ल	ट	प	ञ	व	क	ख	उ	उ	ढ	ड	आ	उ	ग
ए	थ	ढ	आ	र	ल	ढ	र	म	घ	ए	ड	ब	न	ए	प
ण	ढ	ष	ड	त	थ	ह	आ	ध	न	व	द	ज	ब	स	ख
इ	त	ब	त	ल	ठ	छ	प	ञ	म	छ	ए	ठ	ल	म	ल

टांग
रक्त
कोहनी
उंगली
दिमाग
चेहरा
गर्दन
हाथ
त्वचा
दिल

जबड़ा
ठोड़ी
घुटना
टखने
सिर
मुँह
नाक
कान
कंधा
जीभ

37 - Agronomie

प	◌ा	न	◌ी	अ	ब	स	ग	◌्	र	◌ा	म	◌ी	ण	क	ध
र	ग	फ	क	ट	ध	त	◌ि	न	ए	त	र	स	ट	ट	र
प	भ	ग	◌ृ	ट	ग	◌्	न	स	ऊ	र	◌्	ज	◌ा	◌ा	फ
उ	भ	◌ो	ष	ध	त	ण	य	प	◌्	घ	प	ञ	थ	व	इ
ष	र	◌ं	◌ि	ऊ	श	ट	ण	य	◌ौ	ट	न	ष	म	र	ड
ब	ब	◌ो	ए	ठ	छ	ग	द	ट	न	ध	म	ल	आ	अ	ट
क	◌ा	र	◌्	ब	न	◌ि	क	र	द	ऊ	◌े	घ	स	न	ग
र	प	ध	च	उ	ए	व	ट	न	प	म	ग	न	इ	◌ु	ञ
व	◌्	ठ	आ	फ	फ	ष	ऊ	क	◌ा	◌ि	ट	ञ	व	स	ख
◌्	र	क	◌ी	त	◌ि	थ	◌ि	स	◌्	र	◌ि	◌ा	प	◌ं	च
र	द	श	ल	ल	श	घ	ठ	क	त	स	उ	ज	व	ध	छ
उ	◌ू	ग	ग	ब	ढ	ष	ध	◌ा	उ	द	ह	◌्	न	◌ा	व
र	ष	च	ढ	घ	उ	ग	स	◌ि	उ	आ	त	◌ि	फ	न	व
ब	ण	फ	श	घ	ए	थ	ठ	व	व	य	आ	व	ड	ठ	ञ
प	र	◌्	य	◌ा	व	र	ण	स	ब	◌्	ज	◌ि	य	◌ा	◌ं
स	ब	न	घ	ब	त	ल	ठ	य	ध	ध	फ	श	आ	भ	न

उर्वरक
ऊर्जा
कटाव
अनुसंधान
सब्जियां
रोगों
कृषि
ग्रामीण
टिकाऊ
कार्बनिक
पारिस्थितिकी
पौधे
उत्पादन
अध्ययन
सिस्टम
पर्यावरण
प्रदूषण
विकास
पानी
विज्ञान

38 - Landschaften

ट	प	च	फ	ड	न	भ	स	म	म	थ	ड	ढ	द	न	प
◌ु	झ	◌्	न	◌़	र	न	ख	म	र	ट	ञ	य	◌्	ऊ	प
◌ं	◌ी	स	र	◌ी	ए	उ	प	ए	◌ु	◌ू	ड	व	व	ढ	ह
ड	ल	र	य	◌ा	न	र	झ	ग	त	द	द	व	◌ी	ञ	◌ा
◌्	द	ड	श	ख	य	प	ह	◌ा	ड	◌़	◌्	◌्	प	स	ड
र	ल	छ	◌ि	च	ड	द	उ	ह	घ	इ	स	र	य	ख	◌़
◌ा	द	ऊ	ल	त	ह	व	◌्	ए	ए	घ	ब	ए	र	◌ा	◌ी
ष	ह	इ	◌े	म	ठ	ढ	व	व	उ	स	ष	ड	◌े	फ	न
ड	प	व	◌्	द	ण	ल	र	ट	◌ी	◌ा	घ	च	ग	ठ	ग
ड	ञ	म	ग	च	छ	थ	आ	ग	इ	प	न	च	◌ि	र	◌ू
ज	◌्	व	◌ा	ल	◌ा	म	◌ु	ख	◌ी	ह	द	ह	स	र	◌े
च	फ	ऊ	ग	ड	य	द	ढ	भ	ल	ऊ	◌ी	◌ि	◌्	ह	ल
थ	भ	इ	◌ु	ख	फ	ड	उ	स	च	व	ढ	म	त	फ	छ
ग	ख	ष	फ	स	म	◌ु	द	◌्	र	त	ट	ख	◌ा	ब	इ
ऊ	द	ऊ	◌ा	ग	ऊ	ड	द	ह	ढ	भ	स	◌ं	न	ढ	त
ए	ग	ष	प	आ	ल	र	ख	ह	द	ब	ट	ड	ध	आ	ग

पहाड़
हिमखंड
नदी
ग्लेशियर
खाड़ी
प्रायद्वीप
गुफा
पहाड़ी
द्वीप
लैगून

समुद्र
मरूद्यान
झील
समुद्र तट
दलदल
घाटी
टुंड्रा
ज्वालामुखी
झरना
रेगिस्तान

39 - Abenteuer

इ	प	ह	न	व	ह	प	थ	प	◌्	र	द	र	◌्	श	न
ढ	ए	द	र	न	स	आ	उ	ष	थ	न	अ	व	स	र	ग
ध	ग	द	ल	◌्	ख	त	र	न	◌ा	क	भ	ल	ह	आ	◌ं
ऊ	य	ग	घ	ञ	ष	व	फ	उ	ष	छ	स	ञ	आ	श	त
ग	त	◌ि	व	◌ि	ध	◌ि	र	ह	ब	ञ	त	ए	छ	आ	व
उ	य	उ	श	ब	य	य	ए	र	उ	ऊ	ड	ष	च	इ	◌्
द	त	भ	ऊ	ख	ढ	ऊ	ठ	ट	ध	थ	आ	ण	ठ	ञ	य
उ	◌ा	◌्	स	◌ु	◌ं	द	र	त	◌ा	भ	र	ढ	ल	द	प
ञ	र	ट	स	ब	ब	स	र	ण	फ	उ	इ	घ	घ	◌ो	व
ब	◌ी	ग	र	◌ा	त	◌्	◌ा	य	स	त	फ	म	ब	स	भ
ष	व	ध	आ	य	ह	◌ै	ख	ई	थ	आ	ह	ए	ख	◌्	◌्
थ	भ	द	फ	न	थ	उ	य	न	न	ट	ख	ण	ब	त	र
प	◌्	र	क	◌ृ	त	◌ि	ष	◌ा	क	◌्	र	◌ु	स	◌ो	म
अ	स	◌ा	म	◌ा	न	◌्	य	◌ि	र	र	म	आ	य	◌ं	ण
व	ष	इ	प	ऊ	त	ष	फ	ठ	प	◌ी	उ	ढ	थ	इ	त
आ	व	आ	घ	ड	भ	थ	श	क	◌ा	◌ौ	म	म	ल	ण	भ

गातोवोधे
भ्रमण
उत्साह
मौका
हर्ष
दोस्तों
खतरनाक
अवसर
प्रकृति
पथ प्रदर्शन
नया
यात्रा
सुंदरता
कठिनाई
सुरक्षा
वीरता
असामान्य
तैयारी
गंतव्य

40 - Flugzeuge

ग	ह	घ	घ	ढ	ल	ष	ऊ	ल	आ	इ	भ	म	त	ठ	त
श	ट	ग	फ	ऊ	म	प	ह्	य	ण	इ	ण	र	र	ट	ख
त	ई	व	◌ा	य	◌ु	म	◌ं	ड	ल	ड	उ	घ	◌ी	व	ग
ण	ब	◌ं	ह	थ	य	ट	ढ	ड	र	प	आ	ऊ	त	◌ा	उ
व	ख	स	ध	इ	◌ं	ज	न	ब	◌ू	श	ख	क	◌्	य	श
ए	घ	◌ा	ञ	न	ज	र	◌ो	ड	◌्	इ	◌ा	ह	◌ा	◌ु	उ
ल	ट	ह	ख	घ	ब	◌ा	ट	ञ	क	भ	ठ	◌ि	य	श	र
ढ	म	स	◌ौ	म	इ	ब	ग	ह	ल	घ	म	ठ	द	ष	ध
र	स	◌ि	ढ	न	र	◌ा	◌े	छ	व	आ	ई	ट	इ	ठ	ड
ड	ट	क	ष	ध	घ	ब	व	◌ं	श	ब	च	त	इ	य	य
प	◌ा	य	ल	ट	द	◌्	◌ि	न	इ	ज	◌ा	◌ि	ड	ण	ञ
उ	म	र	ठ	ढ	ल	◌ु	◌े	आ	त	◌ि	◌ं	◌ा	श	अ	फ
भ	स	श	ध	ऊ	ड	ग	न	ग	◌ि	ण	ऊ	थ	इ	ध	ग
ग	द	य	भ	व	ञ	भ	घ	व	ह	इ	ण	ड	ठ	च	छ
र	ए	उ	इ	ब	च	ह	ण	म	◌ा	र	◌्	◌ि	न	ट	ढ
य	ग	थ	श	ग	ए	द	उ	य	स	ण	ऊ	न	थ	श	भ

साहसिक
वंश
वायुमंडल
गुब्बारा
ईंधन
क्रू
डिजाइन
इतिहास
आकाश
ऊंचाई
निर्माण
वायु
इंजन
नेविगेट
यात्री
पायलट
दिशा
अशांति
हाइड्रोजन
मौसम

41 - Haartypen

ल	ट	ह	ध	थ	स	◌्	व	◌्	स	म	ब	प	र	ह	म
ल	ह	र	◌ा	त	◌ी	फ	घ	भ	◌ू	र	◌ा	स	◌ं	फ	त
ख	भ	ब	प	त	घ	र	◌े	द	ठ	न	◌ं	थ	ग	उ	ख
र	ञ	ब	द	ठ	त	स	म	द	प	ट	ल	म	◌ी	य	भ
ध	ए	ख	ष	फ	य	प	ध	स	थ	घ	ञ	थ	न	छ	ह
द	ए	आ	न	उ	ख	ठ	प	ध	थ	त	छ	ण	ञ	ट	स
ल	य	इ	च	ध	य	य	ए	ख	ह	आ	ण	म	र	ब	ढ
क	ख	द	र	श	ण	त	स	प	च	फ	श	ठ	ह	ञ	फ
र	ड	प	च	ढ	फ	न	र	च	ख	छ	ड	द	स	ष	ल
◌्	ध	◌ू	स	र	ठ	व	ध	र	◌ा	द	क	म	च	ए	य
ल	◌े	र	◌ा	घ	◌ं	◌ु	घ	य	◌ू	◌ँ	ऊ	ग	◌ो	र	◌ा
म	◌ो	ट	◌ा	प	त	ल	◌ा	म	स	घ	द	ऊ	ग	ठ	र
ष	श	ञ	ह	त	ह	य	ब	ऊ	ब	छ	ग	◌ी	◌ं	द	ए
क	म	य	म	व	त	भ	ध	क	◌ा	ल	◌ा	म	ज	ख	ब
ल	ब	छ	ब	ड	ग	ट	ट	य	प	ब	भ	थ	◌ा	र	ठ
ध	ऊ	च	म	च	प	ढ	व	य	ख	ञ	इ	ल	भ	ड	ष

गोरा
भूरा
मोटा
पतला
रंगीन
लट
स्वस्थ
चमकदार
धूसर
गंजा

कम
लंबा
कर्ल
घुंघराले
काला
चाँदी
सूखा
नरम
सफेद
लहराती

42 - Essen #1

श	ञ	च	ढ	ल	आ	उ	न	◌ी	◌ी	च	द	प	घ	न	ए
श	ण	व	न	ह	ठ	व	ल	◌ा	ए	ध	त	स	ढ	म	भ
ल	प	द	य	स	◌ी	ल	◌ु	त	श	च	त	आ	थ	क	प
ज	ठ	ग	ब	◌ु	य	फ	म	स	ष	प	त	श	भ	च	ड
म	र	य	ड	न	◌ा	◌ू	ट	आ	छ	ऊ	◌ा	च	थ	प	ख
ष	आ	द	प	आ	उ	च	म	◌ा	◌ं	स	प	त	इ	ए	ब
ख	त	ष	◌ा	द	◌ा	ल	च	◌ी	न	◌ी	प	आ	◌ी	भ	ट
र	भ	ह	ल	◌ी	फ	ग	◌ं	◌ू	म	र	◌्	व	उ	ठ	प
इ	स	ल	क	ध	च	ढ	आ	ढ	स	ब	य	द	ह	उ	भ
त	स	ए	द	इ	स	ठ	ण	स	ध	स	◌ा	ह	भ	ध	र
इ	उ	म	ष	थ	न	फ	घ	य	ढ	ग	ज	उ	व	ट	घ
ञ	ह	न	ठ	ञ	म	◌़	ड	आ	ग	स	य	द	◌ा	ल	स
व	ञ	आ	ग	ध	न	◌ी	◌ं	ब	◌ू	◌ा	ख	◌ू	इ	घ	द
ब	र	◌ी	ब	◌े	र	◌ॉ	ट	◌्	◌्	स	ज	ध	ऊ	ष	न
ण	घ	फ	ल	च	म	क	ब	ऊ	फ	◌ू	फ	र	ए	इ	फ
छ	इ	भ	घ	ग	ध	व	थ	इ	थ	प	ढ	घ	ट	ल	श

तुलसी
नाशपाती
स्ट्रॉबेरी
मूँगफली
माँस
कॉफ़ी
गाजर
लहसुन
दूध
शलजम

रस
सलाद
नमक
पालक
सूप
टूना
दालचीनी
नींबू
चीनी
प्याज

43 - Ethik

ब	ब	ध	व	इ	ब	ट	ष	च	ख	ह	द	ञ	म	व	ठ
◌ु	ष	ड	◌्	र	ट	न	ब	ख	ट	त	य	र	◌्	◌ै	ध
द	छ	आ	य	श	द	व	◌ा	थ	र	◌्	◌ा	थ	य	इ	ब
◌्	प	श	क	छ	च	आ	य	म	◌ी	व	ल	ड	न	म	स
ध	र	ध	◌्	न	ए	घ	द	म	द	ह	◌ु	ग	◌ं	छ	ड
◌ि	◌ो	र	त	◌ि	च	उ	द	ब	◌ा	भ	त	ठ	म	ख	च
आ	प	◌ा	◌ि	द	ग	त	भ	थ	न	प	◌ा	श	प	थ	अ
श	क	ज	व	ण	◌ो	◌ौ	ञ	त	◌ा	ल	◌ी	श	न	ह	स
◌ा	◌ा	न	◌ा	ग	य	ञ	र	ट	म	ग	ठ	ख	ष	ग	य
व	र	य	द	ष	ह	द	न	व	ई	श	ग	ए	ख	ठ	म
◌ा	◌ि	◌ि	व	घ	स	थ	आ	त	ल	त	न	◌ी	◌ि	व	उ
द	त	क	ह	म	श	च	◌े	त	न	◌ा	श	थ	श	ष	श
र	◌ा	घ	म	फ	इ	छ	च	त	उ	व	◌्	ण	ब	द	उ
ट	उ	ण	ऊ	थ	ख	व	भ	ए	ध	न	र	छ	ए	ड	ट
ट	ल	छ	ड	त	ग	र	व	ब	ष	◌ा	द	प	ण	छ	त
ग	ध	ध	ड	द	ख	य	घ	ब	य	म	ञ	ठ	स	ह	न

परोपकारिता
राजनयिक
ईमानदारी
दयालुता
धैर्य
व्यक्तिवाद
अखंडता
मानवता
दया
आशावाद

दर्शन
चेतना
यथार्थवाद
विनीत
सहनशीलता
उचित
बुद्धि
मान
गौरव
सहयोग

44 - Gebäude

स	व	◌ा	र	◌ा	त	◌्	◌ा	छ	ह	उ	इ	श	व	स	ख
ए	◌्	ख	ज	र	◌े	◌ै	ग	ञ	स	◌ो	र	घ	◌ि	◌ु	ल
फ	ठ	क	ग	त	ख	ढ	ढ	उ	◌्	ह	ट	ख	श	प	◌ि
फ	ठ	म	◌ू	द	स	ण	ड	ग	ट	स	ए	ल	◌्	र	ह
ण	र	◌ी	थ	ल	फ	स	श	ष	◌े	द	◌ि	द	व	म	◌ा
ऊ	ञ	न	ख	त	म	◌ं	च	प	ड	ध	थ	ख	व	◌ा	न
म	भ	◌ा	ब	◌ा	ञ	ग	ण	◌्	◌ि	र	त	छ	◌ि	र	व
श	द	र	ख	प	ण	◌्	व	र	य	ट	◌ं	स	द	◌्	न
ष	◌ू	छ	फ	◌्	इ	र	◌े	य	म	स	ब	स	◌्	क	ड
म	त	फ	व	स	म	ह	ध	◌ो	च	ध	◌ू	◌ि	य	◌े	ब
ह	◌ा	इ	◌ै	अ	स	◌ा	श	ग	च	म	ल	न	◌ा	ट	ब
छ	व	न	घ	क	म	ल	◌ा	श	र	न	द	◌े	ल	श	ध
ह	◌ा	ध	ह	ख	◌्	य	ल	◌ा	घ	म	न	म	य	ह	थ
आ	स	आ	ऊ	र	ल	ट	◌ा	ल	ह	न	ठ	◌ा	म	आ	ष
क	◌े	ब	◌ि	न	छ	व	र	◌ा	ल	फ	भ	च	ञ	थ	ड
छ	ख	ड	भ	ल	ह	र	इ	◌ी	स	स	च	ब	ड	प	स

खेत
दूतावास
फैक्टरी
गैरेज
छात्रावास
होटल
केबिन
सिनेमा
अस्पताल
प्रयोगशाला
संग्रहालय
वेधशाला
खलिहान
स्कूल
स्टेडियम
सुपरमार्केट
थिएटर
मीनार
विश्वविद्यालय
तंबू

45 - Mode

य	ढ	ब	◌ु	ट	◌ी	क	प	◌ै	ट	र	◌्	न	ञ	ब	उ
य	स	उ	ढ	ण	ई	इ	ह	ञ	ऊ	ट	च	ट	ठ	व	स
ध	ड	ड	म	ग	◌ा	◌ं	ह	म	ञ	ख	ठ	ब	ग	थ	उ
ब	व	र	ल	◌े	◌़	ड	प	क	◌ू	इ	ख	त	द	थ	ह
ठ	न	उ	स	भ	ढ	र	ञ	छ	ठ	ल	फ	◌ी	त	◌ा	ल
घ	ढ	◌ा	ब	ड	क	◌े	य	ए	ब	◌ी	र	◌्	ल	आ	फ
च	प	ग	व	त	र	◌ं	ठ	प	ष	◌ै	ञ	स	फ	आ	ब
घ	द	ख	य	ट	◌ि	◌्	इ	ञ	न	श	श	स	ग	ट	र
उ	य	ण	आ	न	ह	ट	ह	ण	◌्	आ	ध	◌ु	न	◌ि	क
श	ड	इ	ग	ध	◌ा	थ	म	क	य	द	◌ा	म	◌ा	र	आ
ह	ह	भ	ठ	म	व	त	ञ	घ	◌ू	म	उ	ग	ध	त	उ
इ	ऊ	ड	र	ट	य	य	ह	ऊ	न	न	ख	स	घ	ऊ	ढ
ख	थ	ब	ष	ढ	◌ा	र	घ	र	त	र	ब	ष	च	र	ठ
ध	व	आ	ध	द	◌्	व	ल	◌ी	म	◌ू	◌ा	म	स	ल	ह
घ	भ	ब	ष	आ	व	श	प	न	छ	ध	श	य	प	न	च
स	◌ु	र	◌ु	च	◌ि	प	◌ू	र	◌्	ण	ब	ठ	थ	ह	ण

मामूली
बुटीक
सरल
सुरुचिपूर्ण
सस्ती
आरामदायक
न्यूनतम
आधुनिक
पैटर्न
मूल
व्यावहारिक
फीता
कढ़ाई
शैली
कपड़े
बटन
महंगा
बनावट
ट्रेंड

46 - Angeln

थ	ऋ	ख	न	व	ठ	ञ	ग	ट	त	र	द	◌्	◌ु	म	स
थ	ग	त	त	श	ए	ण	श	ट	◌ि	र	य	भ	ठ	प	य
आ	◌ि	क	◌ु	ह	प	य	फ	न	क	ग	◌ा	उ	ख	घ	च
ए	ल	आ	ह	इ	ध	र	घ	द	◌्	◌ा	इ	ज	ञ	उ	ब
य	◌्	व	द	ख	त	ण	ट	◌ी	य	स	◌ो	घ	◌ू	ग	ड
ष	स	◌ा	ज	म	◌ा	प	◌ो	ज	◌ो	व	स	त	छ	ह	ग
भ	ह	न	इ	न	र	◌ं	क	ब	श	ऊ	र	फ	श	उ	ण
च	ढ	◌ी	त	य	श	ख	र	ड	◌ि	प	च	ष	ऊ	प	आ
श	ख	◌ा	घ	ए	भ	द	◌ी	◌़	त	य	छ	ऊ	ल	ष	ल
ब	त	प	ह	ठ	ह	ख	ठ	◌ा	अ	य	य	ष	ढ	म	घ
ष	छ	स	ण	द	द	ड	इ	घ	न	ह	ऊ	आ	थ	छ	ल
ध	◌ै	र	◌्	य	थ	ष	आ	झ	◌ी	ल	ब	ख	ह	श	च
ण	ब	उ	प	क	र	ण	इ	ट	व	ऊ	न	फ	घ	ह	◌ा
ध	व	ध	उ	ढ	ख	स	आ	द	स	घ	ञ	थ	ए	ह	र
छ	न	ब	ञ	ग	ण	प	ल	ध	थ	ट	भ	ल	व	उ	◌ा
ढ	ढ	इ	छ	द	भ	श	ब	च	ट	ए	थ	ऊ	ठ	ब	ण

उपकरण
नाव
तार
पंख
नदी
धैर्य
वजन
हुक
ऋतु
जबड़ा
गिल्स
रसोइया
टोकरी
चारा
सागर
झील
समुद्र तट
अतिशयोक्ति
तराजू
पानी

47 - Essen #2

ड	उ	श	घ	स	श	ख	श	ष	ध	उ	र	उ	र	प	ष
त	ध	ऊ	ड	च	ट	प	व	म	ध	प	ल	ड	द	घ	ड
आ	ष	ढ	उ	ए	ट	स	स	ल	स	ऊ	ए	श	छ	ड	घ
ष	त	छ	म	भ	ऊ	म	ड	ऊ	प	घ	श	च	फ	ह	ञ
च	ल	न	च	आ	ह	◌ै	◌ा	ऊ	द	स	घ	प	छ	ण	ब
म	य	ग	स	र	म	ह	◌ं	ट	क	च	थ	◌ी	◌ा	ह	ढ
र	उ	च	त	र	स	स	अ	य	र	◌ा	भ	य	स	ध	ड
न	ब	◌ा	द	◌ा	म	◌े	छ	ष	◌ी	व	इ	र	◌ो	ट	◌ी
ध	घ	फ	न	ग	◌ं	◌ै	ब	थ	न	ल	न	◌ी	य	फ	ह
थ	प	ल	ख	म	छ	ल	◌ी	व	प	◌ा	छ	◌े	ट	आ	द
च	◌ॉ	क	ल	◌े	ट	श	ह	◌ू	◌ॅ	◌े	ग	च	य	म	श
ध	ब	ऊ	ल	छ	ठ	ह	त	ल	◌ी	क	◌ो	र	◌ो	◌्	ब
उ	च	ल	च	ट	ह	व	द	◌ा	अ	ज	व	◌ा	इ	न	इ
म	श	र	◌ू	म	ए	घ	फ	य	व	य	ष	ड	प	स	ऊ
ल	ट	प	व	त	इ	घ	थ	ट	म	र	ष	थ	य	उ	श
द	ड	य	ढ	व	स	य	फ	उ	य	ण	◌ी	घ	थ	ए	श

सेब
हाथी चक
बैंगन
केला
ब्रोकोली
रोटी
अंडा
मछली
दही
पनीर
चेरी
बादाम
मशरूम
चावल
हैम
चॉकलेट
अजवाइन
शतावरी
टमाटर
गेहूँ

48 - Energie

य	ख	छ	छ	म	ण	उ	स	प	र	◌्	य	◌ा	व	र	ण
ल	ह	ग	य	◌ो	◌्	द	उ	ग	◌ै	स	◌ो	ल	◌ी	न	ह
प	घ	ए	ए	ट	प	य	छ	न	म	ब	ध	ज	ए	ट	ढ
ग	ड	ट	ट	र	उ	प	ब	न	ह	ख	च	◌ी	ध	◌ो	त
ड	भ	य	फ	म	ब	आ	थ	ब	ब	ब	ड	ड	ख	◌ो	ठ
ष	श	ल	र	न	ण	प	◌्	र	द	◌ू	ष	ण	च	फ	ख
भ	य	ट	न	ब	छ	ए	भ	◌्	व	ञ	म	ए	आ	घ	थ
च	फ	ट	र	त	स	ग	न	◌ा	भ	◌ि	क	◌ी	य	ग	द
त	ड	र	◌ॉ	द	ञ	घ	छ	क	ञ	त	म	य	◌्	च	ब
ठ	फ	ब	ट	उ	त	◌्	क	◌्	र	म	म	◌ा	प	र	ट
छ	ध	◌ा	◌्	ध	ठ	ह	ण	घ	द	फ	ह	व	ढ	ञ	ग
ब	ब	इ	क	ण	र	ब	अ	ल	ण	उ	छ	ह	इ	ठ	ट
ढ	◌ि	न	◌्	ञ	ऊ	ण	ण	क	फ	ब	◌ै	ट	र	◌ी	ई
स	ध	ज	◌े	न	ज	र	◌ो	ड	◌्	इ	◌ा	ह	ञ	ट	◌ं
ऊ	र	ऊ	ल	स	◌ू	र	◌्	य	फ	ष	र	ख	ष	न	ध
ढ	ऊ	ख	इ	◌ो	न	ख	ब	च	ड	थ	य	त	उ	ड	न

बैटरी
गैसोलीन
ईंधन
डीजल
बिजली
इलेक्ट्रॉन
उत्क्रम-माप
अक्षय
गर्मी
उद्योग

कार्बन
मोटर
नाभिकीय
फोटोन
सूर्य
टरबाइन
पर्यावरण
प्रदूषण
हाइड्रोजन
हवा

49 - Familie

प	ट	ट	ए	ड	ए	ग	घ	प	उ	छ	ग	ब	ट	घ	प
थ	◌ो	ख	न	त	ग	ब	◌ी	व	◌ी	त	फ	उ	ड	आ	ण
आ	ट	त	ज	ल	आ	ञ	म	भ	ड	च	इ	फ	ष	भ	आ
र	ब	ण	◌ा	ध	य	स	य	र	व	ण	द	ग	ख	ग	ए
आ	ह	उ	◌ी	फ	ण	द	र	छ	ह	ल	ड	छ	ष	स	र
फ	न	इ	त	श	उ	छ	ख	ठ	च	च	ख	श	ख	न	ढ
ह	द	स	भ	ब	◌े	ट	◌ी	फ	च	ब	च	प	न	ह	च
थ	द	द	ध	ण	न	ढ	ल	आ	◌े	फ	ञ	प	ञ	ए	उ
ञ	ब	ध	र	म	च	◌ा	च	◌ी	र	त	फ	त	◌ि	त	प
प	म	च	श	ट	ह	ठ	◌ा	त	◌ा	ह	ह	थ	ब	त	ण
स	व	फ	फ	द	ण	च	◌्	च	भ	स	ब	श	ह	ब	◌ा
प	◌ै	त	◌ृ	क	ढ	त	च	य	◌ा	द	भ	त	◌ी	ज	◌ी
ब	ट	द	च	◌ा	च	◌ा	ब	इ	ई	◌ा	◌ा	◌ृ	घ	ड	च
ठ	छ	थ	व	ट	फ	त	ख	ध	◌ा	द	ख	◌ा	ए	ट	छ
म	◌ा	◌ं	द	आ	ष	च	ट	भ	भ	◌ी	उ	म	द	ण	थ
प	◌ू	र	◌्	व	ज	ण	घ	थ	घ	ढ	त	न	प	ण	ऊ

भाइ
बीवी
पति
पोता
दादी
दादा
बच्चा
बचपन
मां
मातृ
भतीजा
भतीजी
चाचा
बहन
चाची
बेटी
पिता
पैतृक
चचेरा भाई
पूर्वज

50 - Pflanzen

ज	च	ष	ब	श	ष	ग	व	र	ठ	च	क	ष	प	ल	ए
घ	ड	ख	इ	र	ब	ऊ	न	ह	ब	ध	◌ा	ख	य	प	ख
ढ	◌़	◌़	ध	ध	◌ु	व	स	ढ	ष	स	ई	◌ी	भ	भ	ल
य	◌े	ड	◌ी	छ	श	न	◌्	फ	◌ू	ल	भ	आ	ग	प	ठ
र	प	ज	ण	ब	ग	घ	प	ठ	श	य	फ	आ	ऊ	ब	श
र	आ	ह	इ	स	◌ू	घ	त	आ	स	◌े	म	ब	प	ग	उ
स	थ	ह	ड	ध	ह	ट	◌ि	इ	ट	य	ष	◌े	छ	त	थ
ह	फ	इ	ट	श	छ	ह	◌ी	व	क	ब	ड	र	च	द	ब
स	छ	ब	न	म	ब	ष	आ	◌ी	◌्	छ	आ	◌ी	प	स	ल
म	च	थ	ष	ट	ऊ	ढ	ड	फ	◌ै	व	ण	आ	त	थ	न
प	उ	न	म	थ	थ	ख	र	प	क	छ	ठ	इ	◌्	आ	श
ध	र	म	इ	ख	ख	ए	थ	त	◌ी	◌्	त	प	त	ब	त
ध	◌्	ह	स	◌ू	र	◌्	य	◌्	ण	र	र	आ	◌े	प	ए
आ	व	ढ	◌ं	◌ा	थ	ट	त	त	ध	द	ट	ह	उ	ल	त
घ	र	प	◌ा	ल	घ	र	ञ	◌ा	ठ	प	ख	ड	आ	घ	इ
छ	क	र	ब	म	इ	ब	उ	ष	ठ	ण	द	म	व	उ	त

बांस
पेड़
बेरी
पत्ता
फूल
पत्ती
सेम
बुश
उर्वरक
आइवी
बगीचा
घास
कैक्टस
जड़ी बूटी
पत्ते
काई
सूर्य
वनस्पति
वन
जड़

51 - Kunst

म	ए	त	ल	ख	ब	य	ऊ	ष	ब	व	ध	ए	व	ष	म
त	◌ू	र	द	◌ा	न	◌ा	म	ई	प	आ	◌ि	उ	ग	द	फ
फ	ह	र	ण	म	र	र	◌ू	आ	र	र	भ	ष	थ	व	इ
आ	य	श	◌्	◌ृ	द	त	ल	व	फ	ऊ	ठ	घ	य	◌ा	ऊ
र	य	इ	ष	त	ग	त	◌ि	क	◌्	य	◌्	व	फ	थ	म
त	श	ष	इ	◌ि	◌ि	छ	च	◌ि	त	◌्	र	◌ि	त	र	इ
ब	छ	स	आ	क	य	क	त	◌ी	र	◌्	प	म	थ	◌्	ट
ट	ण	◌ि	ण	◌्	क	आ	ल	इ	न	च	◌ा	ब	इ	थ	ल
ब	य	र	उ	य	ठ	व	श	◌ा	द	◌ो	न	म	त	◌ा	छ
र	घ	◌े	ग	व	उ	ठ	◌ि	ड	च	छ	च	ख	प	य	न
ल	ल	म	छ	◌्	इ	ट	व	त	प	◌्	र	◌े	र	◌ि	त
फ	द	◌ि	ल	◌ि	प	भ	ग	न	◌ा	◌ा	न	ब	ह	त	श
भ	श	क	र	भ	म	ट	उ	भ	ख	ञ	ख	ह	च	अ	ल
ख	ल	ह	प	अ	ड	स	श	ञ	व	म	म	ब	र	श	ड
प	ठ	त	श	घ	ब	र	ज	ट	◌ि	ल	प	त	ण	ध	ड
ड	स	छ	ष	ल	ञ	ल	र	व	ठ	ड	श	स	ग	इ	स

अभिव्यक्ति
ईमानदार
सरल
विषय
प्रेरित
सिरेमिक
जटिल
मूल
व्यक्तिगत
कविता
चित्रित
बनाना
मूर्तिकला
मनोदशा
अतियथार्थवाद
प्रतीक
दृश्य
रचना

52 - Gewürze

ख	फ	भ	द	ख	ज	◌ौ	र	◌ा	व	ध	ध	द	ढ	न	आ
ग	ट	च	श	ढ	ख	ए	ण	ञ	न	क	र	द	अ	द	च
च	र	◌्	◌ि	म	ल	◌ौ	◌ं	ग	◌ी	ध	ऊ	व	थ	◌्	द
व	स	ड	ट	य	ढ	त	उ	ख	ल	फ	य	◌ा	ज	य	फ
ण	◌े	ई	ठ	◌ा	◌ि	म	ब	ध	◌ा	छ	ए	◌्	य	प	उ
इ	क	ट	ब	◌ि	म	ड	श	ऊ	ट	न	इ	स	◌ा	◌ा	ए
न	भ	ष	व	न	न	ड	व	व	ग	व	ष	प	◌्	न	घ
व	प	त	त	ध	भ	ह	र	ए	उ	उ	च	ब	प	द	ञ
ञ	आ	इ	ऊ	ल	घ	छ	इ	भ	न	ए	इ	ब	फ	श	ग
प	थ	स	ल	ऊ	ए	स	न	ष	◌ु	ट	थ	ब	इ	ह	ग
द	व	द	क	◌ा	आ	इ	र	ध	स	◌ौ	◌ं	फ	ख	व	ठ
थ	ए	ड	म	ड	य	च	ख	प	ह	फ	च	ल	र	ह	घ
व	ट	ह	न	ठ	◌़	च	ण	क	ल	न	ट	व	उ	र	थ
इ	ट	घ	ल	थ	ठ	व	◌ी	र	द	◌ा	ल	च	◌ी	न	◌ी
ल	थ	ए	भ	ण	त	ञ	◌ा	◌ी	ह	ऊ	म	ऊ	श	च	द
प	ब	इ	ञ	न	त	घ	प	ठ	ड	ग	ड	उ	त	ख	ऊ

कड़वा
करी
सौंफ
स्वाद
अदरक
इलायची
लहसुन
धनिया
जीरा
नद्यपान

जायफल
लौंग
मिर्च
केसर
नमक
खट्टा
मिठाई
वनीला
दालचीनी
प्याज

53 - Kreativität

ड	र	ठ	ल	थ	ऊ	च	छ	प	व	च	ऊ	ग	ख	च	आ
व	न	व	ण	◌ा	इ	च	ध	ल	◌ि	ञ	इ	ख	आ	ध	व
क	◌ौ	श	ल	त	स	ह	ज	भ	च	स	त	भ	ऊ	फ	◌ि
न	◌ा	प	◌्	ल	क	ब	भ	ध	◌ा	य	◌ि	उ	य	ण	ष
◌ा	न	◌ा	व	र	ल	ध	घ	ऊ	र	ढ	क	ण	ड	प	◌्
ट	ए	छ	श	त	द	ण	ए	द	◌ो	त	◌्	प	र	ख	क
क	म	त	◌्	◌ा	ल	क	छ	आ	◌ं	भ	य	र	आ	◌ी	◌ा
◌ी	ढ	छ	इ	ख	ल	ओ	प	ठ	प	स	व	ञ	ब	न	र
य	र	ए	व	र	उ	◌ं	त	◌ा	ट	ष	◌्	प	◌्	स	श
घ	भ	ञ	छ	उ	ख	न	ल	◌ी	ढ	ञ	◌ि	ष	ष	न	◌ी
प	◌्	र	◌े	र	ण	◌ा	न	च	व	ञ	भ	ल	य	स	ल
ए	आ	ब	य	म	◌ि	व	छ	र	आ	◌्	अ	ष	द	ह	फ
इ	ण	ख	प	ड	ट	◌ा	ञ	उ	आ	ण	र	घ	ष	ज	ठ
र	च	त	ब	छ	ढ	भ	ढ	ध	इ	भ	व	त	च	ब	ट
ज	◌ी	व	न	श	क	◌्	त	◌ि	फ	ष	ख	स	◌ा	◌ो	न
प	◌्	र	◌ा	म	◌ा	ण	◌ि	क	त	◌ा	न	ए	र	ध	ण

आभिव्यक्ति
प्रामाणिकता
छवि
नाटकीय
छाप
आविष्कारशील
कौशल
तरलता
भावनाओं
विचारों
प्रेरणा
तीव्रता
सहज बोध
स्पष्टता
कलात्मक
कल्पना
सनसनी
सहज
दर्शन
जीवन शक्ति

54 - Geschäft

आ	म	ए	द	ण	ख	प	ब	ऊ	र	त	ध	छ	त	त	आ
र	स	◌ु	उ	न	ह	ष	न	घ	य	ढ	इ	ब	छ	ए	ह
स	र	ठ	द	इ	प	ब	प	द	प	न	ध	ण	र	श	थ
प	त	ठ	ड	◌्	ब	द	ड	ग	◌े	ण	ढ	ठ	न	च	ट
ण	◌्	द	ठ	ध	र	त	ऊ	ए	ह	न	य	द	र	य	व
ह	स	इ	च	ए	◌ी	◌ा	फ	ऊ	त	ल	◌े	घ	ख	ह	द
ल	◌्	ञ	म	थ	ट	क	ष	त	छ	◌ू	ट	ल	ञ	ख	ध
र	श	फ	घ	श	क	◌्	ग	भ	च	ण	ज	◌ा	द	घ	उ
म	◌ा	ल	उ	छ	◌्	य	ऊ	ख	ण	ठ	ब	भ	य	व	ए
क	थ	ब	ल	व	◌ै	◌ो	ब	ट	ञ	प	ए	ञ	ल	स	स
◌ै	◌्	ढ	◌ि	ब	फ	◌ि	र	◌ं	ए	ऊ	प	ड	य	य	फ
र	र	ह	ड	क	भ	न	य	◌ो	श	ढ	त	ग	◌ा	ल	न
◌ि	अ	घ	ण	स	◌्	ष	क	र	◌्	म	च	◌ा	र	◌ी	◌ि
य	ग	घ	ध	◌ा	थ	र	ऊ	क	आ	य	व	म	◌्	ग	व
र	ज	न	◌े	◌ै	म	इ	◌ी	द	◌ु	क	◌ा	न	◌ा	च	◌े
ठ	ञ	ध	घ	प	फ	ड	ठ	प	ह	ण	ब	आ	क	श	श

नियोक्ता
बजट
कार्यालय
आय
फैक्टरी
पैसा
दुकान
लाभ
निवेश
कैरियर
लागत
मैनेजर
कर्मचारी
छूट
करों
लेन-देन
बिक्री
माल
मुद्रा
अर्थशास्त्र

55 - Ingenieurwesen

ख	म	ध	त	ा	क	त	व	आ	न	य	म	म	ख	स	इ
छ	इ	स	न	न	घ	द	थ	च	त	ब	ब	च	स	्	ध
ज	ई	य	म	ण	ो	क	र	र	ए	य	फ	ण	ठ	थ	घ
य	ा	ा	ो	ग	व	ब	ह	फ	ह	छ	घ	ध	भ	ि	प
छ	र	्	ट	इ	ल	छ	ण	ल	इ	ड	श	थ	छ	र	ञ
ड	ह	व	र	प	्	र	ण	ो	द	न	ल	ष	ढ	त	ञ
थ	ग	ख	व	ऊ	न	ट	त	ग	ि	य	र	्	स	ा	ग
उ	ब	फ	ी	ठ	ि	त	ड	ढ	ष	म	ऊ	क	प	घ	न
प	स	थ	ल	न	र	म	ी	य	उ	प	उ	अ	इ	ख	ख
ऊ	य	छ	ऊ	म	्	श	ज	ए	फ	ढ	ऊ	ह	ध	ध	थ
ठ	घ	य	र	ख	म	ी	ल	छ	र	ऊ	त	न	आ	ख	व
ट	य	फ	र	व	ा	न	ा	च	र	ं	स	फ	ट	म	ि
त	आ	ख	ढ	म	ण	स	आ	ख	श	य	ष	थ	इ	म	त
फ	ग	प	फ	ा	श	न	म	र	म	म	ब	थ	ल	भ	र
ब	ऊ	द	ञ	प	ख	थ	ऊ	ण	े	घ	घ	च	य	ण	ण
ब	ञ	व	ण	न	र	ह	ट	थ	ट	ख	त	ग	घ	घ	म

अक्ष
प्रणोदन
गणना
आरेख
डीजल
व्यास
ऊर्जा
तरल
गियर्स
लीवर
निर्माण
मशीन
माप
मोटर
स्थिरता
ताकत
संरचना
गहराई
वितरण
कोण

56 - Kaffee

प	◌ी	स	न	ञ	प	क	◌ै	फ	◌ी	न	य	ण	व	त	स
ल	आ	ठ	य	ल	◌ा	◌ा	क	प	थ	ए	न	आ	◌ि	द	◌ु
ध	श	प	न	ठ	न	◌ा	न	◌ा	छ	ट	छ	ह	व	द	ब
ग	ध	व	त	प	◌ी	ह	ट	ट	ठ	ग	ण	◌ु	◌ि	◌ू	ह
ष	म	ण	उ	छ	ढ	द	ष	य	◌े	प	ठ	न	ध	ध	स
ह	ट	फ	द	ध	ऊ	फ	म	ल	◌ा	ई	स	◌ा	त	व	ठ
ख	क	ड	◌़	व	◌ा	ब	स	◌ी	◌ू	ण	र	◌ु	◌ा	आ	ड
थ	प	य	ब	ठ	◌ा	ट	ञ	◌्	प	म	ड	भ	ग	र	ए
उ	य	ए	ष	उ	ड	◌्	ख	म	ण	ख	ण	द	ए	◌ं	छ
ञ	च	◌ी	न	◌ी	च	छ	स	अ	क	◌ी	म	त	छ	ह	ध
ड	ञ	ध	र	आ	ह	च	ध	च	ञ	श	फ	ए	छ	ऊ	ग
घ	स	ऊ	इ	ण	द	ट	य	ड	प	प	ख	ञ	ब	ढ	ठ
फ	भ	ञ	ल	घ	फ	भ	य	ब	आ	ठ	ब	छ	थ	घ	ध
ञ	य	र	फ	ब	त	र	ल	उ	ण	आ	स	इ	ग	च	र
भ	ड	ष	प	ब	ञ	ध	छ	ष	ल	च	ठ	ह	न	र	स
घ	ञ	च	द	म	ब	आ	श	व	प	ठ	त	य	द	ड	ह

सुगंध
कड़वा
मलाई
छानना
तरल
भुना हुआ
स्वाद
पेय
कैफीन
पीस
दूध
सुबह
कीमत
अम्लीय
काला
कप
मूल
विविधता
पानी
चीनी

57 - Gemüse

ष	ण	श	ट	ञ	ट	उ	द	द	ह	◌ा	थ	◌ी	च	क	ब
र	भ	ट	ल	म	ड	ए	प	◌ा	ल	क	ड	अ	क	र	◌्
ट	फ	च	र	ज	◌ा	ग	घ	ल	ऊ	द	फ	ज	द	द	र
म	श	र	◌ू	म	म	ट	थ	स	ढ	ध	ञ	व	◌्	अ	◌ो
ण	फ	◌ा	ञ	ल	घ	ए	र	ग	र	ष	फ	◌ा	द	न	क
ज	म	◌ी	ड	ध	आ	ष	इ	त	ब	र	भ	इ	◌ू	ड	◌ो
◌ै	ठ	ख	न	थ	प	श	ष	स	ण	ड	◌ी	न	आ	व	ल
त	ट	ऊ	ट	र	ञ	ल	ग	ख	ण	द	ग	स	फ	ह	◌ी
◌ू	इ	घ	ख	र	ध	म	ख	ध	उ	द	◌ो	च	ष	ठ	न
न	स	ध	च	न	त	ड	द	ए	श	भ	ल	ह	स	◌ु	न
ग	ऊ	ण	अ	ब	त	ग	प	आ	ल	स	◌ू	श	स	ब	म
◌ं	द	इ	ज	य	◌ा	◌्	प	ठ	ड	ञ	फ	फ	छ	व	य
◌ै	ध	ञ	म	श	प	ह	ट	ढ	ख	त	ण	द	स	न	ट
ब	ण	छ	◌ो	ध	श	थ	व	ध	ह	फ	र	घ	ष	ह	ल
ञ	ह	श	द	थ	ष	ह	इ	द	इ	ढ	घ	ट	फ	ल	म
ठ	ञ	ढ	म	प	व	उ	ठ	च	द	ञ	ट	ह	छ	ल	ह

हाथी चक
बैंगन
फूलगोभी
ब्रोकोली
मटर
खीरा
अदरक
गाजर
आलू
लहसुन
कद्दू
जैतून
अजमोद
मशरूम
शलजम
सलाद
अजवाइन
पालक
टमाटर
प्याज

58 - Schönheit

क	द	ल	◌ा	ल	◌ि	त	◌्	य	र	◌ं	ग	द	द	छ	फ
◌ै	फ	◌ो	ट	◌ो	ज	◌े	न	◌ि	क	ब	ल	र	ञ	च	ध
◌ं	ल	◌े	त	त	ब	ष	द	◌ो	◌ं	प	◌ा	◌्	त	उ	आ
च	ट	स	य	◌्	व	ठ	र	ख	ण	◌ू	त	प	र	ख	ध
◌ी	स	◌े	व	◌ा	व	द	ग	◌ु	प	म	श	ण	र	क	ब
न	◌्	ऊ	श	फ	उ	च	भ	श	फ	◌्	व	ष	न	ट	र
ऊ	ल	ज	◌ा	क	छ	आ	◌ा	ब	ए	◌ै	म	◌्	म	◌ि	आ
स	◌ि	थ	ह	फ	ण	थ	ञ	◌ू	ग	श	य	र	ड	स	ञ
ग	इ	द	व	न	ट	ब	त	ड	उ	ए	ग	क	भ	◌्	व
श	ट	घ	इ	न	प	ख	द	भ	न	छ	उ	आ	ख	प	ढ
ए	◌ा	ख	त	श	ह	ट	इ	आ	त	उ	व	उ	ध	◌ि	ध
ठ	◌्	ड	ह	स	ढ	ध	ख	न	क	ए	ल	ण	स	ल	ऊ
आ	स	ल	भ	ध	प	ण	स	फ	आ	◌ृ	व	प	प	उ	ध
च	◌ि	क	न	◌ा	ब	ट	ध	ढ	ब	च	प	श	ढ	स	स
ष	स	◌ु	र	◌ु	च	◌ि	प	◌ू	र	◌्	ण	◌ा	व	प	र
उ	द	ठ	फ	थ	प	ध	य	च	ढ	उ	ऊ	ख	द	म	त

कृपा
आकर्षण
सेवा
खुशबू
सुरुचिपूर्ण
लालित्य
रंग
फोटोजेनिक
चिकना
त्वचा
लिपास्टेक
कर्ल
तेल
उत्पादों
कैंची
शैम्पू
दर्पण
स्टाइलिस्ट
काजल

59 - Tanzen

ढ	ह	ड	द	भ	स	घ	न	ख	स	◌ं	ग	◌ी	त	स	य
त	छ	फ	◌ृ	ह	◌ू	क	स	◌ृ	र	◌ि	ह	र	◌्	स	ल
द	ष	च	श	ड	च	ल	◌ा	त	त	ट	च	उ	न	ढ	ड
ण	ष	ग	◌्	ऊ	क	◌ा	◌ं	थ	य	◌्	भ	ह	आ	स	न
श	फ	घ	य	ट	स	आ	स	ड	ख	च	य	ह	ट	ढ	स
ढ	◌ा	छ	घ	ह	म	त	◌्	ऊ	र	ञ	छ	क	फ	द	◌ं
ण	द	स	ब	ण	य	ण	क	थ	ह	च	आ	द	ल	ठ	स
ष	न	ठ	◌्	ड	ड	स	◌ृ	व	उ	य	फ	ञ	इ	◌ा	◌्
क	◌ृ	प	◌ा	त	ऊ	ल	त	ष	◌ि	◌्	र	ह	ष	थ	क
ऊ	च	भ	ध	ग	◌्	ञ	◌ि	श	द	ड	थ	◌ी	◌ा	स	◌ृ
ध	श	व	ब	र	ढ	र	क	ण	प	त	ए	ऊ	र	भ	त
त	र	घ	त	◌ा	श	म	◌ी	द	◌ा	क	अ	प	ठ	श	◌ि
ध	ल	द	भ	प	ग	त	◌ि	य	भ	न	त	ग	आ	ग	भ
य	थ	य	उ	◌ं	भ	◌ा	व	न	◌ा	ष	ग	ण	आ	आ	व
ढ	न	ऊ	ण	र	ञ	य	इ	उ	ड	ल	ब	ष	ड	न	ट
आ	ट	ह	ठ	प	ख	ढ	ल	श	च	द	व	य	श	छ	भ

अकादमी
कृपा
सूचक
गति
नृत्यकला
भावना
हर्षित
आसन
शास्त्रीय
शरीर
संस्कृति
सांस्कृतिक
कला
संगीत
साथी
रिहर्सल
ताल
परंपरागत
दृश्य

60 - Ernährung

ड	स	थ	श	ण	ष	द	व	फ	आ	ह	स	आ	भ	ब	अ
इ	ट	◌ं	म	ग	ऊ	ए	इ	आ	श	श	ब	◌्	भ	ञ	न
व	◌ि	ष	त	ष	ष	ल	ख	व	घ	न	ज	व	व	व	◌ा
◌ा	छ	ए	भ	◌ु	फ	ब	म	य	उ	च	स	ह	ग	◌ा	ज
◌़	थ	प	थ	घ	ल	प	ए	द	घ	◌ा	आ	◌ि	ग	ग	द
ड	श	घ	र	क	ट	◌ि	ष	◌्	◌ु	प	ह	स	ऊ	◌ु	व
क	इ	ल	ण	फ	ठ	ञ	त	◌ा	ष	ण	◌ा	◌्	श	ण	◌ि
प	ड	ख	ष	उ	व	ण	द	ख	उ	ह	र	स	स	व	ट
ल	त	फ	ख	ञ	फ	ऊ	आ	◌ू	भ	थ	ल	◌े	ध	त	◌ा
च	ठ	य	र	च	ड	स	च	भ	इ	ब	द	ऊ	श	◌्	म
च	ट	न	◌ी	ढ	य	थ	◌्	स	◌्	व	◌ा	◌्	स	त	◌ि
ष	थ	ड	ल	ध	ट	र	श	व	म	भ	र	ष	ढ	◌ा	न
आ	श	आ	◌ो	म	ग	ड	ऊ	छ	स	ल	ग	ल	थ	श	घ
स	च	ग	◌ै	त	ड	च	इ	ए	इ	◌्	व	ख	ठ	ट	स
ह	थ	ट	क	व	ध	ष	ढ	ण	स	छ	थ	ब	प	ञ	थ
प	◌्	र	◌ो	ट	◌ी	न	व	ण	◌्	◌ि	क	ख	उ	उ	च

भूख
संतुलित
कड़वा
आहार
खाद्य
किण्वन
स्वाद
स्वस्थ
स्वास्थ्य
अनाज

वजन
कैलोरी
पुष्टिकर
हिस्से
प्रोटीन
गुणवत्ता
चटनी
विष
पाचन
विटामिन

61 - Länder #1

श	ण	ल	फ	आ	प	स	ब	ध	ट	ठ	थ	व	ण	भ	थ
ञ	ण	इ	◌ि	छ	ब	उ	म	◌ि	स	◌्	र	◌े	श	र	आ
ख	ग	ण	न	भ	इ	र	◌ा	क	ड	ल	ग	न	◌े	◌े	स
ढ	ण	इ	ल	इ	◌ा	र	ज	इ	ब	त	प	◌े	ए	ञ	त
इ	ए	फ	◌ै	य	ठ	र	क	न	◌ा	ड	◌ा	ज	श	भ	ट
र	ट	ञ	◌ं	ब	थ	उ	त	ण	प	ल	उ	◌़	न	च	भ
ख	भ	ल	ड	ल	ल	उ	आ	आ	द	◌ै	ज	◌ु	◌ि	क	ठ
ट	ढ	◌ी	◌ी	य	घ	छ	थ	थ	ए	◌ं	र	ए	क	◌ं	ठ
ड	त	◌ा	आ	म	य	ह	ठ	छ	ख	◌ो	◌्	ल	◌ा	ब	द
र	◌ो	म	◌ा	न	◌ि	य	◌ा	ब	थ	प	म	◌ा	र	◌ो	छ
घ	य	ऊ	न	◌ा	च	◌ा	थ	ड	◌्	भ	न	ठ	◌ा	ड	स
ल	ञ	भ	प	त	ब	व	ब	इ	ण	र	◌ी	ड	ग	◌ि	◌्
व	ग	भ	ठ	य	ब	◌ि	आ	न	न	व	◌ा	म	◌ु	य	प
श	ण	म	व	◌ि	इ	त	ध	ग	ए	स	र	ज़	आ	◌ा	◌े
आ	द	ष	ध	व	व	◌ा	इ	र	न	च	थ	त	◌ी	ल	न
न	◌ॉ	र	◌्	व	◌े	ल	स	ट	ख	ठ	आ	ञ	ए	ल	प

मिस्र
ब्राज़ील
जर्मनी
फिनलैंड
भारत
इराक
इजराइल
इटली
कंबोडिया
कनाडा
लातविया
माली
निकारागुआ
नॉर्वे
पोलैंड
रोमानिया
सेनेगल
स्पेन
वेनेज़ुएला
वियतनाम

62 - Technologie

इ	ल	व	म	ठ	ह	ह	ड	ल	क	स	आ	उ	ल	ड	त
◌ं	थ	ट	न	◌्	◌ॉ	◌़	फ	ट	◌ै	◌ं	ड	भ	इ	ठ	ट
ट	ठ	व	ध	व	ट	न	व	उ	म	ग	◌े	त	◌ा	घ	ञ
र	भ	ष	◌ा	क	◌्	र	◌ु	स	र	ण	ट	म	◌़	स	छ
न	घ	ध	स	ड	व	◌ी	च	उ	◌ा	क	◌ा	उ	फ़	र	◌ी
◌े	श	ख	◌ं	त	भ	क	श	क	र	◌्	स	र	त	इ	फ
ट	आ	घ	◌ु	न	ल	◌्	ष	य	फ	फ	ब	ज	स	◌ा	थ
द	ड	इ	न	श	र	◌्	द	र	◌्	प	स	◌़	◌ा	व	र
न	ट	त	अ	म	य	स	ड	म	ध	फ	त	उ	◌ं	भ	ल
फ	द	घ	घ	म	व	ष	च	ब	ध	न	ढ	र	ख	ण	व
थ	ठ	म	आ	न	◌े	फ	ध	ग	व	ल	च	◌ा	◌्	उ	ष
व	ए	म	द	ल	ट	ज	◌ि	◌ि	ड	च	र	◌्	य	प	ह
स	◌ं	द	◌े	श	फ	भ	त	उ	ढ	आ	ष	ब	◌ि	ठ	ल
फ	ए	आ	द	ञ	◌्	प	म	ग	ब	श	ब	इ	क	र	द
श	आ	ध	ग	ल	◌ॉ	◌्	ब	द	इ	श	न	आ	◌ी	ऊ	ख
ब	◌ा	इ	ट	◌्	स	छ	द	ध	भ	ह	ञ	ढ	भ	च	भ

प्रदर्शन
स्क्रीन
ब्लॉग
ब्राउज़र
बाइट्स
संगणक
कर्सर
फ़ाइल
डेटा
डिजिटल

अनुसंधान
इंटरनेट
कैमरा
संदेश
फ़ॉन्ट
सुरक्षा
सॉफ्टवेयर
सांख्यिकी
आभासी
वाइरस

63 - Science Fiction

य	ञ	थ	द	फ	ब	ए	थ	घ	ट	प	थ	फ	उ	ब	क
थ	ब	उ	श	्	ञ	भ	ए	आ	ब	ल	आ	ट	प	च	ा
ा	इ	ए	ख	य	ा	प	ि	ट	ो	स	्	य	ा	ड	ल
र	च	ढ	श	ू	स	प	ह	न	ो	ष	न	न	उ	ड	्
्	ढ	र	ड	च	ि	न	ु	ल	र	ए	उ	ग	र	य	प
थ	ष	द	म	र	न	आ	य	स	व	ञ	द	इ	ख	ढ	न
व	ह	ा	ठ	ि	े	ग	इ	ह	्	म	ण	ञ	छ	ल	ि
ा	त	न	श	स	म	प	ञ	च	य	त	च	ञ	ल	श	क
द	इ	ा	उ	्	ा	य	भ	्	र	म	क	म	थ	म	ल
ी	ठ	श	ए	ट	फ	ो	स	्	ि	व	य	े	ह	प	ढ
घ	ठ	ष	ध	ि	स	प	त	आ	प	श	न	्	ं	ष	उ
स	स	भ	य	क	ल	ो	श	्	र	द	आ	ब	स	ड	ध
भ	र	प	्	र	ौ	द	्	य	ो	ग	ि	क	ी	ह	ञ
आ	क	ा	श	ग	ं	ग	ा	द	ु	न	ि	य	ा	र	र
प	र	ि	द	ृ	श	्	य	ष	च	म	ञ	य	प	्	छ
ठ	छ	त	फ	न	आ	क	ा	श	व	ा	ण	ी	ब	ग	आ

पुस्तकें
डायस्टोपिया
विस्फोट
चरम
शानदार
आग
फ्यूचरिस्टिक
आकाशगंगा
रहस्यमय
भ्रम
काल्पनिक
सिनेमा
आकाशवाणी
ग्रह
यथार्थवादी
रोबोट
परिदृश्य
प्रौद्योगिकी
आदर्शलोक
दुनिया

64 - Literatur

भ	व	ख	ड	प	ढ	व	य	य	व	ग	श	भ	ध	च	उ
क	◌ि	स	◌्	स	◌ा	ए	श	फ	◌ि	थ	श	इ	व	च	प
ष	ब	ञ	द	व	◌ा	◌ं	स	स	व	व	न	स	ख	ठ	न
फ	ठ	आ	◌ी	त	च	आ	ण	ञ	र	ग	ध	क	थ	◌ा	◌्
व	उ	ण	स	न	◌ी	व	◌ी	ज	ण	श	य	ऊ	ह	भ	य
ल	◌ि	त	र	ह	◌ि	ढ	ट	ध	ब	फ	श	ऊ	ड	उ	◌ा
ह	ठ	श	◌ा	ष	ऊ	ष	ड	ल	◌ा	त	◌ा	◌ि	व	क	स
ण	ए	ब	◌्	न	स	ष	◌्	भ	◌े	थ	श	आ	प	ख	छ
ध	त	ध	त	ल	त	◌ु	क	क	म	ख	ग	आ	ए	च	म
ण	ड	ब	◌ा	ए	◌े	ढ	ढ	प	र	म	क	ख	च	ऊ	घ
ल	ढ	ग	न	व	आ	ष	द	◌ू	म	◌्	उ	उ	ऊ	द	ध
ध	थ	न	◌ा	ल	◌ु	त	ण	र	ठ	ध	ष	आ	श	म	घ
ड	त	क	म	त	◌्	य	◌ा	व	◌्	◌ा	क	ठ	◌ै	ब	ड
श	उ	ष	स	ध	ल	ष	ढ	ठ	प	य	आ	न	ल	ख	ग
त	स	ब	ट	ल	ह	◌ि	ट	म	त	प	ग	ष	◌ी	द	स
र	य	घ	भ	श	ड	व	ठ	उ	क	थ	◌ा	व	◌ा	च	क

समानता
विश्लेषण
किस्सा
लेखक
विवरण
जीवनी
संवाद
कथावाचक
कथा
कविता
रूपक
काव्यात्मक
तुक
ताल
उपन्यास
निष्कर्ष
शैली
विषय
त्रासदी
तुलना

65 - Wandern

ठ	ग	न	प	म	द	ग	ध	म	इ	स	त	म	ष	ष	व
ड	ठ	ञ	च	त	◌ि	क	◌ृ	र	◌्	प	थ	ड	ए	ठ	ल
न	ल	म	◌े	म	◌्	स	र	ख	◌ि	श	◌ा	◌्	क	न	प
ट	थ	ल	च	व	र	थ	य	त	छ	व	ड	उ	व	ण	◌ा
◌ा	द	ध	श	च	◌ी	ढ	र	थ	ग	ठ	ज	स	आ	ण	न
◌्	ऊ	स	म	ग	य	भ	◌ी	ठ	श	च	◌ू	व	य	ऊ	◌ी
ट	र	त	◌ौ	य	◌ा	श	◌ा	ष	ग	थ	त	स	न	ऊ	र
च	ग	स	स	ट	◌ै	इ	भ	आ	ण	ढ	◌े	ञ	र	च	न
थ	ञ	द	म	ट	त	य	ड	म	य	फ	ल	व	◌ो	घ	व
अ	भ	◌ि	व	◌ि	न	◌्	य	◌ा	स	ट	य	ध	◌ं	ढ	ब
उ	ग	ब	ढ	प	ग	प	ढ	इ	ख	ष	◌ु	म	व	प	न
स	◌ू	र	◌्	य	ह	ड	◌े	र	◌ा	ड	◌ा	ल	न	◌ा	ध
इ	च	भ	ल	व	र	◌ा	द	ध	य	ए	व	ख	◌ा	आ	ट
ब	र	ड	ध	उ	फ	इ	ड	ड	ग	व	ल	ढ	ज	द	ढ
ल	द	प	घ	घ	स	ञ	त	◌़	क	श	ज	व	प	फ	च
ख	त	र	◌ो	◌ं	ड	त	ब	ऊ	थ	ज	◌ं	ग	ल	◌ी	ढ

पहाड़
डेरा डालना
गाइड
खतरों
शिखर सम्मेलन
नक्शा
जलवायु
चट्टान
थक गया
प्रकृति
अभिविन्यास
भारी
सूर्य
पत्थर
जूते
जानवरों
तैयारी
पानी
मौसम
जंगली

66 - Globale Erwärmung

थ	र	प	व	भ	फ	प	च	स	छ	ह	ह	अ	च	र	ट
ण	उ	ञ	ध	उ	त	ड	ग	छ	आ	म	ड	ष	ब	थ	व
श	म	ड	ष	त	न	ढ	आ	स	व	◌ा	ि◌	न	च	थ	ि◌
थ	ब	स	उ	त	ट	उ	ग	ड	◌ं	न	ड	उ	म	म	ध
आ	ड	ष	ड	ऊ	ब	ह	क	ट	ि◌	क	◌्	र	आ	छ	◌ा
आ	प	श	ड	छ	भ	न	न	भ	ए	इ	ट	र	ब	व	न
ल	च	य	य	ञ	उ	ध	ि◌	व	ठ	च	ग	द	ष	आ	ग
व	ि◌	क	◌ा	स	द	घ	ञ	ि◌	न	य	◌ा	◌्	ध	ड	ए
ब	ब	र	स	ण	◌्	प	◌ा	ष	श	म	ब	ठ	ट	य	थ
आ	ब	◌ा	द	◌ी	य	◌ी	ज	◌्	ठ	ए	◌ा	भ	ल	ह	ञ
च	ल	क	ध	प	◌ो	ढ	◌्	य	ष	प	र	प	ट	घ	आ
ट	य	र	ध	ढ	ग	◌़	◌ै	उ	ऊ	र	◌्	ज	◌ा	ड	आ
स	ट	स	◌ै	ग	ख	ि◌	व	ल	द	उ	उ	इ	◌े	त	य
ध	ग	व	ण	र	व	य	◌ा	◌्	र	प	न	ए	ड	छ	घ
ञ	ण	प	भ	ष	ण	◌ो	ज	ल	व	◌ा	य	◌ु	र	ड	श
घ	र	त	व	ण	इ	◌ं	स	ण	म	च	द	उ	श	ख	ह

आर्कटिक
ध्यान
आबादी
डेटा
ऊर्जा
विकास
गैस
पीढ़ियों
विधान
उद्योग
अब
जलवायु
संकट
निवास
सरकार
तापमान
पर्यावरण
वैज्ञानिक
भविष्य

67 - Länder #2

ए	ञ	ट	य	फ	◌्	र	◌ा	◌ं	स	ओ	◌ा	ल	ए	उ	छ
ल	◌ा	इ	ब	◌े	र	◌ि	य	◌ा	ल	च	स	आ	भ	ढ	ऊ
इ	प	ढ	ऊ	उ	ड	य	◌ा	र	◌ि	ज	◌ी	इ	◌ा	न	स
इ	थ	◌ा	आ	इ	ग	व	न	य	प	ऊ	स	◌ू	ड	◌ा	न
छ	ख	◌ि	◌े	ह	आ	स	◌्	◌ु	◌ा	ड	◌ू	ग	◌ं	ए	र
ठ	ट	ड	य	न	ऊ	इ	◌े	ग	क	म	र	व	◌ै	भ	◌े
ह	ष	ज	ब	◌ो	च	ख	क	◌ा	◌ि	◌े	ट	ष	ल	स	क
◌ै	ट	प	म	इ	प	न	ह	◌ं	स	क	ज	भ	र	फ	◌्
त	च	न	ऊ	◌ै	न	◌ि	छ	ड	◌्	◌्	◌ा	ब	य	म	◌ू
◌ी	ठ	आ	आ	द	क	फ	य	◌ा	त	स	प	ठ	आ	ष	य
स	◌ी	र	◌ि	य	◌ा	◌ा	स	◌ा	◌ा	◌ि	◌ा	ब	ञ	त	त
अ	ल	◌्	ब	◌ा	न	◌ि	य	◌ा	न	क	न	घ	ए	ड	ख
फ	ण	ल	ष	ड	ल	थ	छ	आ	न	◌ो	प	ढ	व	ल	ष
च	फ	ह	ठ	थ	स	ए	उ	थ	ए	स	ठ	उ	र	ब	ऊ
ढ	ड	ण	प	ख	च	ष	ड	स	इ	र	ए	प	ब	ड	फ
म	च	भ	ब	ट	य	◌ू	न	◌ा	न	त	च	भ	ढ	त	ट

अल्बाानिया
इथियोपिया
फ्रांस
यूनान
हैती
आयरलैंड
जमैका
जापान
केन्या
लाओस
लाइबेरिया
मेक्सिको
नेपाल
नाइजीरिया
पाकिस्तान
रूस
सूडान
सीरिया
युगांडा
यूक्रेन

68 - Fahrzeuge

आ	ठ	स	ए	प	ठ	ब	ऊ	क	ब	◌े	ड	◌़	◌ा	ए	ल
ट	म	थ	ध	न	प	च	स	◌ा	ढ	ढ	ष	ब	ट	ऊ	ड
म	ग	ञ	फ	ड	स	भ	च	र	ण	ऊ	व	त	घ	उ	र
ठ	ट	च	आ	◌ु	ऊ	श	ध	ग	ग	ब	ष	ढ	ल	ध	त
स	ड	प	ष	ब	य	ट	त	र	ट	क	◌ू	◌्	स	श	ठ
ट	इ	श	ल	◌्	ड	◌्	इ	◌्	ट	◌ै	क	◌्	स	◌ी	र
◌्	छ	श	न	ब	ठ	र	स	म	च	स	व	ण	श	ह	◌ो
र	द	थ	श	◌ी	ढ	◌ै	ग	◌ा	च	द	न	ए	ख	◌े	ग
◌े	उ	ल	ध	घ	उ	क	म	त	इ	ख	इ	घ	ञ	ल	◌ी
न	ढ	थ	य	घ	स	◌्	इ	ग	स	क	र	◌्	ट	◌ी	व
म	थ	य	ह	ग	र	ट	◌ो	म	व	◌ा	◌ि	च	क	क	◌ा
क	◌ा	र	व	◌ा	◌ं	र	ट	◌ि	◌ि	◌ौ	आ	ल	◌े	◌ॉ	ह
ख	छ	ण	य	ग	व	श	ब	◌ू	म	न	य	ष	◌ॉ	प	न
छ	ब	ट	द	◌ा	ब	फ	भ	भ	◌ा	ञ	च	भ	र	◌्	उ
आ	द	ब	ञ	श	ट	आ	च	श	न	न	◌ा	व	ह	ट	ए
इ	ऊ	ण	न	च	ठ	इ	स	ण	ढ	र	ब	स	छ	र	र

कार
नाव
बस
साइकिल
नौका
बेड़ा
विमान
हेलीकॉप्टर
रोगी वाहन
ट्रक
मोटर
रॉकेट
टायर
स्कूटर
टैक्सी
ट्रैक्टर
भूमिगत मार्ग
पनडुब्बी
कारवां
ट्रेन

69 - Natur

प	व	न	ह	द	ऊ	ण	ए	न	ब	ण	ब	य	ढ	ब	क
म	त	व	ख	य	◌ो	◌ं	ख	◌ि	क	◌्	म	◌ु	ध	म	◌ो
ख	◌े	न	ण	इ	म	प	ख	र	◌ो	◌ं	व	न	◌ा	ज	ह
ग	◌्	ल	◌े	श	◌ि	य	र	◌्	ष	द	ग	श	ट	भ	र
ख	त	ण	त	ठ	ब	ह	ब	म	इ	प	त	व	घ	फ	◌ा
भ	प	र	ड	ञ	य	ऊ	व	ल	श	◌ी	◌ि	त	ग	ध	स
उ	ष	◌्	ण	क	ट	◌ि	ब	◌ं	ध	◌ी	य	र	◌्	श	आ
ग	च	प	श	आ	प	आ	थ	ख	ए	श	उ	अ	द	र	प
ल	ढ	◌ू	ञ	र	ब	छ	ए	ग	ठ	ड	स	भ	ण	◌े	ह
थ	छ	व	य	◌्	ज	ए	ध	ब	च	ब	◌ु	य	श	ग	◌ा
फ	ऊ	◌्	न	क	स	◌ं	क	भ	ल	इ	◌ं	◌ा	द	◌ि	ड
ठ	स	त	त	ट	ण	त	ग	ट	श	ह	द	र	ढ	स	◌़
ऊ	घ	ह	स	◌ि	ह	ब	ऊ	ल	◌ा	न	र	ण	ऊ	◌्	◌ो
ठ	ध	म	घ	क	ऊ	छ	ब	य	◌ी	व	त	◌्	न	त	◌ं
न	छ	ञ	ड	फ	ऊ	ञ	र	म	उ	छ	◌ा	य	द	◌ा	ड
श	◌ा	◌ं	त	◌ि	प	◌ू	र	◌्	ण	ल	ध	ग	◌ी	न	ठ

आर्कटिक
पहाड़ों
मधुमक्खियों
गतिशील
कटाव
नदी
शांतिपूर्ण
ग्लेशियर
अभयारण्य
निर्मल
पत्ते
महत्वपूर्ण
कोहरा
सुंदरता
आश्रय
जानवरों
उष्णकटिबंधीय
वन
जंगली
रेगिस्तान

70 - Urlaub #2

ह	प	च	द	म	ढ	ख	श	श	ब	ट	ष	ए	ड	ट	य
य	व	ज	भ	◌ो	ज	न	◌ा	ल	य	फ	फ	भ	ट	व	स
ग	◌ौ	◌ा	भ	ह	घ	व	क	आ	थ	ग	थ	म	र	◌ि	उ
र	◌्	◌ी	ई	व	त	घ	व	च	ब	◌ं	ष	थ	ड	द	न
फ	द	व	घ	अ	◌ि	घ	अ	भ	आ	त	त	ब	म	◌े	म
व	न	आ	ध	ठ	ड	द	ण	ह	इ	व	इ	न	ग	श	ह
ख	ल	र	त	ण	ध	◌्	◌े	र	द	◌्	◌ु	म	स	◌ी	ब
र	छ	◌ु	ट	◌्	ट	◌ी	ड	श	थ	य	त	◌ं	ब	◌ू	घ
य	स	इ	त	व	ध	ल	न	◌ा	ल	ड	◌ा	र	◌ा	◌े	ड
◌ा	ऊ	ष	र	न	त	ड	ह	◌्	ढ	ढ	न	ए	ड	त	र
त	ह	व	द	इ	भ	व	व	क	इ	ध	इ	ड	ढ	स	ण
◌्	◌ो	घ	◌्	ए	ञ	ड	◌ि	न	र	◌े	◌्	ट	प	च	ह
र	ट	थ	◌ु	ग	ण	फ	र	आ	ऊ	ख	र	ठ	ए	घ	ऊ
◌ा	ल	न	म	ए	ष	ए	प	छ	ख	ध	ष	ऊ	फ	य	ऊ
ह	म	ऊ	स	◌ो	क	◌्	◌ै	ट	र	◌्	प	◌ो	स	◌ा	प
य	ध	र	ब	म	ञ	य	न	ग	य	ब	ध	घ	आ	ह	च

विदेशी
विदेश
डेरा डालना
हवाई अड्डा
अवकाश
होटल
द्वीप
नक्शा
समुद्र
पासपोर्ट

यात्रा
भोजनालय
समुद्र तट
टैक्सी
परिवहन
छुट्टी
वीज़ा
तंबू
गंतव्य
ट्रेन

71 - Barbecues

थ	य	त	ण	व	ग	व	घ	च	ड	र	ष	छ	इ	त	फ
इ	ठ	र	ह	च	र	घ	प	म	ट	◌ा	ब	छ	ञ	ऊ	म
फ	त	◌ो	◌ं	स	◌्	◌ो	द	य	ह	त	ग	◌ी	◌ं	स	ऊ
ग	ष	य	व	छ	म	च	ख	छ	न	क	त	ण	ख	ध	ड
ढ	न	क	◌ि	च	◌ी	र	ट	ञ	ट	◌ा	ढ	न	न	ह	भ
ब	म	र	◌ू	आ	व	◌्	फ	न	श	ख	ख	◌े	ल	व	ध
ह	क	प	स	◌ा	इ	◌ि	ष	ल	◌ी	◌ा	ब	इ	म	ल	आ
छ	उ	र	ब	ध	च	म	त	ण	फ	न	भ	न	श	भ	ग
स	स	◌ि	◌्	श	फ	र	ञ	ड	द	◌ा	फ	ण	ग	ठ	ध
श	ड	व	ज	द	ल	ध	इ	ए	स	ए	इ	ध	त	ण	ब
ग	ब	◌ा	◌ि	द	◌ो	प	ह	र	क	◌ा	भ	◌ो	ज	न	च
ख	र	र	य	ण	उ	आ	क	ण	भ	ठ	न	ह	व	छ	◌्
थ	श	म	◌ा	फ	ल	श	◌ा	र	◌ू	स	ल	◌ा	द	उ	च
छ	आ	फ	◌ं	ढ	ण	थ	◌ं	च	ख	ग	◌्	र	◌ि	ल	◌े
ब	ड	म	इ	ठ	ट	ह	ट	आ	ह	इ	ह	प	भ	ञ	ञ
र	स	ह	म	इ	आ	ष	◌े	ड	उ	ट	ष	ञ	इ	ख	न

रात का खाना
परिवार
दोस्तों
फल
कांटे
सब्जियां
ग्रिल
गरम
चिकन
भूख
बच्चे
चाकू
दोपहर का भोजन
संगीत
मिर्च
सलाद
नमक
गर्मी
चटनी
खेल

72 - Küche

ड	ल	फ	ह	व	आ	ऊ	र	ए	क	ब	म	च	व	ट	ठ
घ	थ	त	छ	फ	थ	ए	ल	ख	◌ा	ट	ड	◌ा	आ	म	ट
थ	ट	छ	ण	र	त	स	व	ण	◌ं	आ	थ	क	छ	भ	च
स	व	ब	ए	च	ष	ऊ	स	च	ट	र	स	◌ू	ट	त	घ
ए	ष	च	य	म	स	◌ा	ल	◌े	◌े	ब	श	स	च	ढ	त
द	थ	म	न	◌्	ष	ध	छ	द	र	व	फ	इ	ह	प	घ
न	घ	श	ढ	म	न	स	ए	र	ण	ख	◌्	ड	ल	उ	श
द	ल	छ	व	च	क	र	ञ	प	त	त	र	ट	ऊ	ग	ख
ष	ए	ग	◌्	र	◌ि	ल	ड	उ	◌्	ड	◌ि	◌ा	ज	ग	र
ऊ	ड	य	प	ल	प	य	ल	ढ	ग	र	ज	क	प	त	आ
ब	म	त	ण	◌ु	◌ै	व	ब	य	आ	ओ	न	◌ा	◌ं	न	ध
व	ए	क	प	छ	न	इ	ब	ध	◌ि	◌ि	व	◌ँ	◌्	श	ठ
ल	प	फ	◌्	र	◌ी	ज	र	◌ा	◌ो	ट	क	न	स	फ	उ
द	छ	ढ	म	क	र	व	◌ो	श	ञ	ध	ल	◌ी	त	◌े	क
ग	भ	व	ड	य	फ	ष	ए	भ	च	य	म	◌ी	द	ह	द
त	ध	त	ख	थ	ग	द	ञ	च	छ	ट	व	च	त	स	ण

भोजन
चीनी काँटा
कांटे
फ्रीजर
मसाले
ग्रिल
करछुल
जग
फ्रिज
चम्मच
चाकू
ओवन
विधि
एप्रन
कटोरा
स्पंज
नैपकिन
कप
केतली

73 - Schach

च	ह	म	आ	र	ल	न	ण	ध	ढ	ढ	ढ	ख	ग	ल	त
ख	◌ै	ह	ध	ख	र	◌ि	अ	ग	ख	ट	ह	क	घ	इ	ग
◌ि	श	◌ं	ए	न	◌ा	य	◌ं	ण	भ	द	उ	◌ा	न	र	च
ल	य	ष	प	ए	न	म	क	म	र	ख	न	ल	च	ब	त
◌ा	थ	ध	ड	◌ि	◌ी	थ	म	ञ	ज	ढ	ऊ	◌ा	ण	त	ब
ड	उ	फ	स	आ	य	भ	व	च	◌ा	ह	श	घ	ध	ए	य
◌ृ	न	ठ	म	ए	स	न	ण	◌ि	◌ा	च	त	◌ु	र	र	र
◌ी	र	घ	य	ञ	ध	म	प	स	र	र	ण	न	◌ी	त	◌ि
ध	च	भ	ख	ट	द	भ	ठ	ष	ख	◌ो	ध	ण	इ	र	क
श	ट	म	◌े	◌ं	न	◌ा	र	◌्	◌ू	ट	ध	ब	थ	थ	◌्
थ	छ	ण	ल	ब	ल	◌ि	द	◌ा	न	प	ड	◌ी	स	न	ष
प	◌्	र	त	◌ि	य	◌ो	ग	◌ि	त	◌ा	ल	च	ब	घ	◌्
ख	ध	◌्	भ	ऊ	ल	श	ए	स	ब	ह	ख	न	घ	ग	◌ि
च	ल	क	ण	ण	र	ऊ	ढ	घ	फ	इ	ए	व	ल	घ	न
ग	द	◌ि	ख	ग	आ	व	त	ञ	य	◌े	ढ	स	ड	फ	श
न	घ	व	ए	ख	इ	व	छ	ड	ऊ	ठ	द	ख	ग	म	घ

चैंपियन
विकर्ण
विरोधी
चतुर
राजा
रानी
बलिदान
निष्क्रिय
अंक
नियम
काला
खेल
खिलाड़ी
रणनीति
टूर्नामेंट
सफेद
प्रतियोगिता
समय

74 - Geographie

द	◌्	व	◌ौ	प	आ	छ	भ	स	श	◌े	द	न	छ	प	य
त	ह	ल	व	प	थ	ञ	◌ू	ब	ह	ह	व	ब	द	व	प
त	य	च	न	च	फ	ध	म	फ	र	आ	ठ	त	ऊ	◌ौ	ह
म	च	◌ि	◌्	श	प	ष	ध	ध	र	स	स	उ	◌ं	द	◌ा
घ	ध	ष	भ	न	ए	उ	◌्	उ	त	◌्	त	र	च	◌्	ड
ष	ड	◌्	ट	भ	ढ	ए	य	◌ा	न	◌ि	◌ु	द	◌ा	◌ा	◌़
र	द	व	य	आ	ध	र	र	ठ	घ	द	न	छ	ई	ह	त
श	व	घ	द	◌ा	ग	त	◌े	स	म	◌ु	द	◌्	र	म	भ
ध	ए	इ	ग	च	ह	न	ख	च	स	भ	न	क	◌्	श	◌ा
म	म	ड	इ	◌ो	द	◌्	◌ा	व	ए	ष	ख	स	छ	प	ञ
र	ञ	म	भ	ड	ल	श	न	अ	क	◌्	ष	◌ा	◌ं	श	ए
द	य	इ	ब	र	व	◌ा	न	ष	ट	न	थ	ए	स	थ	ट
घ	च	ट	घ	उ	र	◌े	र	ग	ड	ब	म	ठ	य	छ	ल
र	ग	स	ध	ढ	थ	द	ध	◌्	ष	म	ध	भ	ड	त	स
ख	ण	ष	उ	ठ	ह	ञ	द	द	ध	ष	घ	ड	ह	स	ड
क	◌्	ष	◌े	त	◌्	र	य	थ	छ	स	◌ा	ग	र	आ	ष

एटलस
भूमध्य रेखा
पहाड़
अक्षांश
नदी
गोलार्ध
ऊंचाई
द्वीप
नक्शा
महाद्वीप
देश
देशान्तर
समुद्र
मध्याह्न
उत्तर
सागर
क्षेत्र
शहर
दुनिया
पश्चिम

75 - Zahlen

त	ऊ	ह	न	ड	छ	फ	ब	इ	प	ह	ण	ल	फ	ग	व
उ	द	ट	न	र	व	फ	त	ष	ऊ	ष	ठ	ह	फ	द	ग
द	न	श	ष	द	द	श	ण	ह	ल	◌ो	स	द	ण	उ	ब
श	◌ी	◌्	ञ	ड	उ	ढ	ऊ	र	द	च	◌ा	ण	ष	थ	ड
ऊ	त	उ	न	य	ख	थ	भ	◌ा	म	◌ौ	त	प	ह	त	ए
ल	श	ग	ख	◌ौ	ख	व	द	ठ	आ	न	च	उ	ष	द	ब
इ	ष	आ	थ	ग	स	स	श	अ	प	◌ा	◌ं	च	भ	ढ	ष
भ	ढ	थ	फ	आ	श	त	त	आ	द	द	छ	र	छ	य	भ
भ	इ	र	ब	र	म	◌्	ग	ड	आ	ब	त	स	ठ	ग	प
ण	ए	ह	ए	म	ध	र	◌ा	च	ब	फ	छ	ख	घ	ध	◌ं
ग	ए	न	न	ध	ट	ह	छ	च	प	◌ौ	भ	ध	ट	ल	द
त	ट	ख	ब	भ	ब	ट	व	फ	इ	ल	स	आ	उ	आ	◌्
◌े	श	◌ू	न	◌्	य	ठ	च	र	म	न	प	च	ट	य	र
र	ड	ब	◌ा	र	ह	श	भ	ए	द	ल	ण	ट	त	ए	ह
ह	ब	ष	न	ख	ण	ट	ध	ड	य	च	य	घ	श	ब	ढ
न	त	व	ल	म	श	द	◌ो	व	व	फ	उ	व	ठ	ए	श

आठ
अठारह
दशमलव
तीन
तेरह
पांच
पंद्रह
नौ
उन्नीस
शून्य

छह
सोलह
सात
सत्रह
चार
चौदह
दस
बीस
दो
बारह

76 - Tage und Monate

अ	ब	उ	प	ल	ह	ण	आ	ल	च	फ	ह	फ	छ	ब	ठ
फ	ग	घ	द	ष	ऊ	ठ	आ	म	ञ	र	व	◌ा	◌ि	व	र
न	श	स	ज	स	द	ब	इ	इ	र	व	◌ा	ल	ग	◌ं	म
आ	न	ख	◌्	न	न	व	◌ं	ब	र	र	न	ह	ए	स	घ
ध	◌ि	ध	घ	त	व	म	ठ	च	न	◌ी	ऊ	घ	छ	ह	ऊ
ल	व	ष	ब	त	त	र	व	◌ा	र	◌ू	◌ु	ग	य	ठ	न
ष	◌ा	र	ह	त	म	व	◌ी	अ	व	ए	ब	स	व	प	थ
श	र	फ	ल	उ	उ	◌ा	य	क	◌ा	थ	स	ग	श	त	त
य	◌ु	न	ञ	ह	ब	म	द	◌्	ध	ऊ	ध	छ	र	ड	त
छ	ध	क	ष	ऊ	फ	◌ो	◌ि	ट	◌ु	भ	ग	ऊ	ष	फ	ठ
ब	ह	ऊ	◌्	ष	ख	स	स	◌ू	ब	ग	व	ड	प	य	ह
र	इ	ण	र	र	श	त	◌ं	ब	ष	ई	छ	ह	ह	स	ल
ज	◌ू	न	व	ण	व	द	ब	र	ड	ल	◌े	◌ं	◌ै	क	ण
स	◌ि	त	◌ं	ब	र	◌ा	र	ह	त	◌ा	◌्	प	स	ढ	ण
म	ह	◌ी	न	◌ा	घ	ध	र	स	त	◌ु	फ	ब	र	थ	इ
ग	ण	त	ए	त	म	ण	उ	द	म	ज	छ	ल	न	ष	च

अगस्त
दिसंबर
मंगलवार
गुरूवार
फरवरी
शुक्रवार
वर्ष
जनवरी
जुलाई
जून
कैलेंडर
बुधवार
महीना
सोमवार
नवंबर
अक्टूबर
शनिवार
सितंबर
रविवार
सप्ताह

77 - Das Unternehmen

ञ	य	भ	छ	व	स	◌्	ज	◌ा	र	व	श	◌े	◌े	प	श
द	ह	ल	फ	न	◌ै	ध	उ	ट	भ	य	च	भ	छ	य	ड
उ	ढ	ग	त	◌ि	ग	श	ण	व	ञ	◌ो	ठ	न	भ	त	भ
ढ	ष	य	म	भ	उ	व	◌्	भ	घ	◌ं	श	ध	इ	न	आ
य	ध	व	ठ	अ	ठ	◌े	छ	व	ल	इ	ह	व	◌े	त	न
ए	स	फ	ड	ए	य	◌ि	स	त	◌ि	◌ा	प	क	श	उ	◌ा
ज	◌ो	ख	◌ि	म	स	न	श	◌ं	प	क	ह	म	ट	त	व
प	◌्	र	स	◌्	त	◌ु	त	◌ि	स	इ	ध	त	ह	◌्	भ
प	◌्	र	त	◌ि	ष	◌्	ठ	◌ा	य	◌ा	ञ	◌्	ध	प	◌ा
ढ	फ	भ	आ	ऊ	भ	ख	आ	इ	ञ	ड	ध	◌ा	ञ	◌ा	◌ं
र	ण	प	ढ	ब	ठ	ऊ	ल	च	श	न	श	न	ण	द	स
◌ो	ख	◌्	ग	ख	श	घ	व	ध	ग	द	◌ि	च	ख	थ	श
ज	फ	र	प	◌ा	य	◌ा	◌्	व	ञ	ड	व	र	ढ	श	ब
ग	ण	ग	य	◌ो	◌्	द	उ	श	प	ल	स	फ	◌्	उ	त
◌ा	छ	त	◌ा	त	◌्	व	ण	◌ु	ग	ड	प	ड	ढ	ण	ष
र	घ	◌ि	ध	ण	ड	आ	ऊ	य	द	इ	ब	इ	ध	छ	य

रोजगार
इकाइयों
राजस्व
निर्णय
प्रगति
व्यापार
वैश्विक
उद्योग
अभिनव
निवेश
रचनात्मक
वेतन
संभावना
प्रस्तुति
उत्पाद
पेशेवर
गुणवत्ता
संसाधन
जोखिम
प्रतिष्ठा

78 - Kräuterkunde

फ	ब	द	ब	द	क	◌े	स	र	र	छ	ग	फ	ल	ल	क
ह	फ	च	ग	अ	ज	म	◌ो	द	न	घ	ढ	ध	छ	◌ै	◌ु
व	च	ह	◌ी	ड	ऊ	थ	ठ	द	ग	न	ञ	ण	छ	व	ठ
ए	श	ट	च	छ	न	ड	व	ब	◌ु	ल	भ	न	उ	◌े	र
घ	ढ	ध	◌ा	र	ह	प	ठ	घ	ण	ह	द	◌ि	ल	◌ं	◌ा
ख	◌ु	श	ब	◌ू	द	◌ा	र	त	व	स	ध	ल	◌ू	ड	ट
ए	ध	घ	य	र	म	ठ	आ	◌ा	त	◌ु	आ	◌ा	फ	र	ढ
ञ	स	◌ी	ल	◌ु	त	ऊ	ख	र	◌्	न	न	भ	ड	म	ल
म	◌्	घ	ञ	इ	फ	ढ	आ	ग	त	फ	घ	क	द	इ	ब
ठ	व	ह	ञ	इ	ड	स	ठ	◌ो	◌ा	◌ं	ट	◌ा	व	ए	ड
ड	◌ा	प	ह	ब	घ	भ	म	न	◌ौ	◌ौ	द	र	च	ढ	ब
घ	द	ल	आ	ञ	ध	ढ	प	य	ब	स	न	◌ी	फ	ढ	आ
प	उ	त	ढ	ट	भ	ण	श	◌ा	प	घ	ल	च	ड	उ	ढ
ड	ध	भ	ण	फ	च	त	ञ	व	घ	◌ा	त	प	य	इ	ग
त	ब	भ	ठ	प	ब	द	ञ	ज	भ	ट	क	छ	ल	द	ख
ब	म	स	ढ	ए	ब	म	ख	अ	ब	म	क	इ	छ	ञ	प

खुशबूदार
तुलसी
फूल
दिल
तारगोन
सौंफ
बगीचा
स्वाद
हरा
लहसुन
पाक
लैवेंडर
कुठरा
अजमोद
गुणवत्ता
दौनी
केसर
अजवायन
लाभकारी
घटक

79 - Aktivitäten und Freizeit

फ	ण	आ	श	ञ	श	ठ	न	ए	ण	भ	ह	ऊ	ब	स	य
छ	फ	ब	र	ण	ौ	न	ग	य	ष	ध	स	ग	ख	ढ	ज
च	स	ख	ल	ा	क	फ	ठ	य	ग	ख	भ	ऊ	र	ढ	ी
प	द	ग	ब	न	म	ग	व	ि	ं	इ	ा	ड	ी	न	ब
ड	ल	ठ	ॉ	घ	च	फ	ए	थ	श	न	छ	च	द	ा	ा
न	ऊ	प	ट	ष	म	ि	घ	इ	स	ञ	च	ऊ	ा	ल	क
ी	म	ट	क	च	स	ं	त	ह	ब	न	फ	ख	र	ड	े
व	ए	ड	े	च	ल	्	ण	्	च	फ	न	घ	ी	ा	क
ा	व	ष	स	ए	छ	र	ट	त	र	ट	ए	त	म	र	्
ग	ो	ल	्	फ	ल	स	े	त	ा	क	ऊ	म	ञ	ा	ु
ा	य	म	ा	व	ऊ	भ	न	ै	त	ए	ा	ल	म	े	म
ब	े	स	ब	ॉ	ल	छ	ि	र	्	स	ष	र	ण	ड	द
व	ॉ	ल	ी	ब	ॉ	ल	स	ा	ा	ड	उ	र	ी	ऊ	ग
म	ख	भ	थ	ब	त	ठ	म	क	य	ऊ	ष	द	न	ग	ढ
ल	ऊ	उ	ऊ	ड	भ	छ	ढ	ी	त	फ	स	व	र	ढ	ह
र	म	छ	ल	ी	प	क	ड	़	न	े	न	ठ	ट	र	इ

मछली पकड़ने
बेसबॉल
बास्केटबॉल
मुक्केबाजी
डेरा डालना
खरीदारी
आराम
बागवानी
चित्रकारी
गोल्फ
शौक
कला
यात्रा
तैराकी
सर्फिंग
डाइविंग
टेनिस
वॉलीबॉल

80 - Job Fähigkeiten

भ	र	◌ो	स	◌े	म	◌ं	द	ध	ठ	भ	थ	ख	च	व	ग
र	च	न	◌ा	त	◌्	म	क	उ	ट	ढ	श	च	स	◌ि	ज
ल	भ	घ	ठ	व	ठ	ड	ष	ठ	श	ढ	ठ	ड	र	न	◌ि
क	ण	श	च	श	◌ि	◌ि	प	ञ	र	ग	ग	व	घ	◌ी	म
◌ू	थ	ट	व	घ	ख	श	ग	च	न	ध	छ	श	ण	त	◌्
◌ु	छ	च	ड	ए	ध	ड	◌्	◌ं	ञ	प	ध	न	उ	व	म
न	ढ	ड	ध	ग	इ	प	श	व	स	ह	क	◌ा	र	◌ी	◌े
अ	ख	ट	च	फ	ञ	ए	फ	त	स	ए	छ	व	त	भ	द
न	त	क	र	◌ि	श	◌्	म	◌ा	ई	न	य	ण	◌्	◌ु	◌ा
◌ु	प	◌्	र	भ	◌ा	व	◌ी	न	च	उ	◌ी	घ	त	न	र
क	◌ि	ञ	च	ए	ञ	ल	छ	◌े	◌ौ	ठ	ग	य	◌ं	अ	ग
◌ू	◌्	ढ	◌ा	ञ	ढ	र	स	त	क	ऊ	उ	ख	व	फ	घ
ल	र	ष	◌ं	ऊ	ग	द	घ	◌ृ	स	म	ल	प	◌्	व	न
न	म	फ	स	ट	इ	ख	ग	त	भ	ड	ल	ग	स	ब	ए
◌ी	स	ख	ख	म	ढ	आ	प	◌्	ष	थ	ध	न	ऊ	द	फ
य	त	◌ै	य	◌ा	र	ग	ण	व	प	◌्	र	ब	◌ं	ध	न

अनुकूलनीय
चौकस
विश्वसनीय
तैयार
करिश्माई
अनुभवी
अनुकूल
नेतृत्व
समर्पित
संचार
सहकारी
रचनात्मक
प्रबंधन
संगठित
विनीत
स्वतंत्र
जिम्मेदार
प्रभावी
भरोसेमंद

81 - Formen

र	त	ऊ	ध	म	छ	ए	ख	स	ध	फ	घ	स	प	ञ	प
उ	आ	ध	ए	घ	न	य	ठ	स	ष	प	व	ण	त	भ	◌ि
ल	ग	थ	ब	छ	अ	◌ं	ड	◌ा	क	◌ा	र	र	त	ख	र
ह	ष	◌ो	ट	ख	फ	ह	आ	म	भ	न	◌्	ह	◌्	द	◌ा
त	ट	ख	ल	स	ठ	उ	ऊ	ड	ज	ष	क	त	व	ग	म
स	◌ि	ल	◌े	◌ं	ड	र	ण	ट	छ	◌्	व	◌्	◌ृ	क	◌ि
ण	र	ट	प	ए	ढ	ड	म	ष	ढ	क	र	र	घ	◌ो	ड
र	य	ड	आ	इ	च	ग	ह	श	त	प	◌ो	◌ि	र	न	घ
ञ	ठ	प	ढ	ख	ए	ड	ऊ	ख	ऊ	श	◌ं	क	◌्	◌े	स
ड	ध	ञ	ड	र	न	ढ	ऊ	स	ए	ण	न	◌ो	◌ो	प	ठ
ठ	थ	ट	त	र	ख	ऊ	आ	य	त	फ	◌ा	ण	द	छ	म
च	छ	ए	भ	स	थ	ग	द	र	त	भ	◌ि	र	◌े	ख	◌ा
◌ा	भ	म	द	म	त	आ	ह	ध	◌्	ण	क	ए	प	प	व
प	ब	ह	◌ु	भ	◌ु	ज	व	ब	◌ृ	ष	◌ु	ह	आ	व	ण
ग	ञ	ण	न	ठ	स	व	श	द	व	ट	◌ं	ढ	ख	ब	ध
ऊ	फ	प	ढ	म	छ	ढ	प	र	ढ	व	श	थ	प	घ	ट

चाप
त्रिकोण
कोने
दीर्घवृत्त
किनारों
शंकु
वृत्त
वक्र
रेखा
अंडाकार
बहुभुज
प्रिज्म
पिरामिड
वर्ग
आयत
गोल
पक्ष
घन
सिलेंडर

82 - Musik

इ	म	ड	न	ध	◌ा	स	र	ए	आ	इ	ग	आ	ट	ट	ष
ध	ह	क	फ	घ	थ	ट	स	आ	प	त	ग	◌ी	◌ं	स	ए
द	न	य	◌ो	ख	ण	स	व	ध	उ	ग	◌ा	र	ए	ग	ञ
न	ए	◌ा	र	र	ण	फ	व	व	च	◌ी	ग	ल	ल	◌ी	ठ
ढ	ञ	ग	◌ो	◌ा	स	स	ण	ञ	ख	थ	च	आ	◌्	त	ल
ढ	घ	ट	क	◌े	फ	ट	द	ट	न	◌ा	ल	त	ब	◌ा	स
य	म	ह	◌्	प	फ	म	ख	◌्	श	◌ा	ध	भ	म	त	श
ञ	ष	घ	इ	ओ	व	ढ	उ	ष	भ	ग	ऊ	ष	च	◌्	ग
द	र	क	◌ा	त	ग	◌ी	◌ं	स	व	◌ा	ठ	ब	थ	म	घ
छ	ए	र	म	ग	◌ा	न	◌ा	◌ु	ढ	ह	व	य	त	क	य
ठ	ष	◌ा	श	व	उ	ट	स	ध	स	◌ु	स	◌ं	ग	त	श
छ	म	ग	क	म	त	◌्	य	◌ा	व	◌्	◌ा	क	न	थ	ञ
त	◌ा	ल	ब	द	◌्	ध	य	र	◌ी	त	◌्	स	◌्	◌ा	श
च	ए	फ	फ	म	ख	भ	स	ठ	ल	स	ध	प	आ	ग	ए
ल	ल	ण	फ	उ	ख	ल	थ	य	इ	च	छ	आ	स	त	ध
भ	ढ	आ	थ	आ	ब	श	व	म	ए	च	उ	ग	फ	◌ि	स

एल्बम
गाथागीत
कोरस
सद्भाव
सुसंगत
सुधार
साधन
शास्त्रीय
गीतात्मक
राग
माइक्रोफोन
संगीत
संगीतकार
ओपेरा
काव्यात्मक
तालबद्ध
ताल
गायक
गाना
गति

83 - Antiquitäten

ण	ऊ	भ	ढ	उ	ख	त	ष	अ	छ	आ	ठ	म	च	ट	स
ग	◌ै	ल	र	◌ी	द	स	न	स	स	ग	भ	न	प	ड	ज
र	भ	च	च	छ	भ	घ	◌ि	◌ा	ऊ	व	स	◌ू	इ	ल	◌ा
ग	च	ए	न	प	श	घ	व	म	ट	ध	◌ु	य	ष	थ	व
◌ु	व	ऊ	◌ी	ढ	ष	आ	◌े	◌ा	ए	ध	र	फ	छ	ण	ट
ण	इ	ठ	◌्	म	ष	य	श	न	श	थ	◌ु	ठ	ठ	ढ	◌ी
व	क	प	र	ड	ऊ	न	स	◌्	स	ष	च	म	द	ठ	ब
त	◌ै	ल	फ	ब	द	◌ी	ए	य	छ	ञ	◌ि	◌्	फ	ढ	श
◌्	क	◌ा	◌ा	ट	र	स	ह	ल	त	ढ	प	र	ब	उ	म
त	◌्	क	द	प	घ	व	थ	◌्	द	आ	◌ू	ग	ख	ब	ऊ
◌ा	◌ि	त	◌्	र	श	श	इ	◌ू	ष	च	र	र	ए	य	ट
ठ	स	◌ि	थ	ड	छ	◌्	◌ै	म	फ	ढ	◌्	स	ञ	क	इ
न	◌ा	र	◌ा	◌ु	प	◌ि	ट	ल	स	छ	ण	त	ष	◌ी	श
भ	ञ	◌्	ठ	छ	इ	व	र	म	◌ी	ए	ऊ	ऊ	थ	म	त
छ	ब	◌ू	म	घ	प	य	थ	ठ	स	र	द	त	ड	त	ढ
ह	स	म	ह	च	ध	ह	उ	र	ड	उ	थ	घ	च	च	ग

पुराना
मद
विश्वसनीय
सजावटी
सुरुचिपूर्ण
सरगर्म
गैलरी
निवेश
सदी
कला
फर्नीचर
सिक्के
कीमत
गुणवत्ता
आभूषण
मूर्तिकला
शैली
असामान्य
मूल्य
शर्त

84 - Adjektive #2

उ	न	द	श	ब	न	क	म	त	◌्	◌ा	न	च	र	न	ब
थ	व	ख	य	ठ	न	घ	ज	स	प	ग	ध	ठ	आ	ढ	श
ण	व	ण	ञ	ष	श	घ	ब	ए	◌ा	ढ	घ	ग	ञ	उ	आ
उ	ड	ख	र	ढ	र	ञ	◌ू	द	थ	ध	ऊ	व	ष	त	फ
ण	ञ	प	ह	ध	छ	ल	त	ए	◌ि	प	◌ा	ख	ख	◌्	फ
व	◌ि	श	◌्	व	स	न	◌ी	य	ब	ल	ख	र	थ	प	स
◌्	ऊ	छ	ढ	प	थ	◌ी	ठ	आ	ध	च	च	फ	ण	◌ा	ए
र	च	ख	ढ	ख	स	क	घ	ञ	ग	य	ञ	स	प	द	ख
ग	प	ज	◌ि	म	◌्	म	◌े	द	◌ा	र	प	ह	◌्	क	य
घ	◌्	न	त	न	व	न	म	स	थ	स	र	च	ट	प	ए
द	र	य	ख	प	◌्	प	◌्	र	◌ा	क	◌ृ	त	◌ि	क	उ
र	स	◌ा	ठ	ड	स	न	◌ा	ट	क	◌ी	य	ज	ञ	र	र
ष	◌ि	ट	ए	ज	◌ं	ग	ल	◌ी	आ	ब	ख	◌ा	द	◌्	य
ह	द	व	र	◌्	ण	न	◌ा	त	◌्	म	क	◌ा	ध	ब	ह
ल	◌्	आ	थ	न	ह	घ	य	घ	फ	इ	च	त	◌ू	ध	न
ट	ध	स	◌ु	र	◌ु	च	◌ि	प	◌ू	र	◌्	ण	द	भ	श

विश्वसनीय
प्रसिद्ध
वर्णनात्मक
नाटकीय
सुरुचिपूर्ण
खाद्य
ताजा
स्वस्थ
भूखा
दिलचस्प

रचनात्मक
प्राकृतिक
नया
साधारण
उत्पादक
नमकीन
मजबूत
गर्व
जिम्मेदार
जंगली

85 - Kleidung

ढ	छ	ण	ध	न	ञ	प	◌ौ	◌ो	ट	◌ा	ट	◌्	प	◌ु	द
फ	व	उ	ऊ	ष	र	◌ो	त	इ	प	ढ	घ	ल	ल	ह	ब
न	र	ल	छ	ट	ढ	श	इ	क	◌ं	ग	न	श	◌ै	फ	च
ष	ष	स	ज	उ	ल	◌ा	◌्	ब	ब	◌े	ल	◌्	ट	प	ए
म	प	ह	◌ी	य	त	क	स	◌्	व	◌े	ट	र	ब	ए	ख
घ	ठ	ट	म	ढ	ण	ठ	प	ग	ख	घ	क	ठ	ष	इ	ध
छ	म	फ	क	स	ए	श	◌ा	ठ	भ	ञ	◌े	ल	ध	भ	ध
ए	प	◌्	र	न	य	ञ	ज	व	ख	ड	◌ै	इ	आ	त	य
ट	थ	भ	द	ण	इ	ण	◌ा	थ	ठ	द	ज	थ	इ	भ	ठ
आ	भ	◌ू	ष	ण	ध	ञ	म	उ	ड	स	ज	ड	त	ढ	ज
घ	स	न	भ	प	स	ख	◌ा	त	ट	◌्	य	◌ी	य	उ	◌ू
त	व	व	ग	ञ	◌ै	इ	ठ	छ	र	त	फ	ल	न	त	त
ध	ट	न	ड	म	ह	◌ं	थ	व	◌्	◌ा	उ	ग	ह	◌्	◌ा
ह	छ	ह	ढ	इ	ञ	घ	ट	◌ो	क	न	ह	ट	ढ	य	स
ब	र	घ	आ	ष	घ	ड	म	ठ	◌्	◌े	उ	फ	ठ	फ	उ
प	ञ	इ	प	थ	र	ट	स	उ	स	द	द	स	ब	श	ग

कंगन
ब्लाउज
बेल्ट
हार
दस्ताने
कमीज
पैंट
टोपी
जैकेट
जीन्स
पोशाक
कोट
फैशन
स्वेटर
स्कर्ट
दुपट्टा
पाजामा
आभूषण
जूता
एप्रन

86 - Haus

थ	न	प	ख	ह	भ	ष	भ	द	ठ	द	घ	ध	उ	छ	ठ
फ	व	त	ब	ञ	ड	ढ	उ	ऊ	ई	◌ो	स	र	य	उ	न
क	क	◌्	ष	ट	ध	ध	आ	छ	ञ	श	◌ौ	छ	भ	थ	प
ध	फ	न	आ	ष	इ	ख	प	च	ठ	फ	ढ	◌ा	ग	थ	ग
इ	ग	घ	स	ढ	ष	◌ि	फ	आ	स	द	◌़	◌ौ	ड	ध	द
ब	य	◌ै	ष	थ	य	ड	ध	र	ष	य	◌ौ	ब	ढ	ञ	ल
ञ	ख	म	र	प	ड	◌़	◌ा	ब	◌्	य	ऊ	श	उ	द	छ
ड	न	छ	व	◌े	व	क	छ	ण	क	न	ण	श	फ	न	त
न	ठ	ऊ	◌ा	ब	ज	◌ी	◌ं	◌ु	क	इ	◌ी	ध	श	ए	ख
ठ	ण	ल	◌ी	य	◌ा	थ	घ	इ	न	प	प	च	म	प	च
ढ	ट	ण	द	आ	◌ा	ऊ	ट	व	य	ट	श	ड	र	आ	◌ि
ण	भ	य	ष	ट	व	ग	ऊ	द	श	फ	च	त	ग	थ	म
ब	ग	◌ी	च	◌ा	र	घ	ष	ऊ	र	◌ी	◌ा	ट	अ	घ	न
ह	च	उ	य	छ	द	व	ल	फ	ए	◌्	व	श	ह	य	◌ी
झ	◌ा	ड	◌़	◌ू	त	ग	फ	श	च	क	प	◌ी	द	ग	प
प	◌ु	स	◌्	त	क	◌ा	ल	य	ग	ड	द	ण	स	छ	भ

झाड़
पुस्तकालय
छत
अटारी
बौछार
खिड़की
गैरेज
बगीचा
चिमनी
रसोई
दीपक
फर्नीचर
शयनकक्ष
कुंजी
दर्पण
सीढ़ी
दरवाजा
दीवार
बाड़
कक्ष

87 - Bauernhof #1

ढ	ख	छ	ऊ	स	ढ	म	इ	ऊ	ब	ह	प	क	च	इ	ड
घ	◌े	ह	भ	भ	छ	ख	स	द	ध	ग	◌ा	◌ृ	◌ि	व	ल
◌ो	त	व	त	◌ू	ग	इ	छ	ऊ	ए	ल	न	ष	क	भ	उ
ड	ब	ए	ह	म	त	ल	ह	ढ	ए	ट	◌ी	◌ि	न	फ	न
◌़	थ	त	ष	◌ि	व	घ	ढ	उ	स	व	ट	ल	ष	व	श
◌ा	श	ह	द	ख	प	ए	ढ	ऊ	ठ	ष	ग	स	◌्	भ	ल
ल	ञ	ण	च	थ	ग	क	◌ु	त	◌्	त	◌ा	फ	भ	◌ि	छ
घ	ट	ग	म	ए	ठ	र	म	भ	न	च	उ	य	ष	ठ	ब
न	आ	घ	घ	ढ	ञ	व	ञ	ध	छ	घ	ल	न	न	ह	ठ
घ	च	घ	ब	◌ा	ष	◌्	व	उ	◌ु	ऊ	ढ	ब	र	श	स
उ	◌ा	ध	ग	ब	स	र	ध	व	द	म	ब	छ	ड	◌़	◌ा
ण	व	ग	ए	◌ा	य	उ	ख	श	◌ी	र	क	ब	ष	र	छ
स	ल	◌ा	म	ड	त	आ	प	आ	स	व	ण	◌्	उ	व	ग
◌ू	क	य	ऊ	◌़	ष	ब	स	इ	भ	न	ष	ख	ख	ब	ञ
अ	◌ौ	म	थ	प	ट	छ	ट	घ	ध	द	ध	इ	त	◌ी	ब
र	आ	त	ड	फ	त	घ	व	फ	ए	ढ	ध	ध	ष	म	म

मधुमक्खी
उर्वरक
गधा
खेत
घास
शहद
चिकन
कुत्ता
बछड़ा
बिल्ली
कौआ
गाय
भूमि
कृषि
घोड़ा
चावल
सूअर
पानी
बाड़
बकरी

88 - Regierung

स	स	अ	द	छ	स	छ	उ	ञ	व	च	ठ	ञ	न	ल	न
ढ	◌ं	थ	ध	छ	ऊ	◌्	स	◌्	म	◌ा	र	क	◌े	◌ो	◌्
प	आ	व	आ	◌ि	ठ	ब	व	ख	ए	◌्	ह	घ	त	क	य
ढ	श	स	◌ि	आ	क	ग	ल	त	प	र	छ	ब	◌ा	त	◌ा
व	ठ	ञ	य	ध	म	◌ा	स	छ	◌ं	च	ख	ष	ट	◌ं	य
ख	ल	प	ण	ष	◌ा	भ	र	ज	स	त	य	न	फ	त	ज
प	◌्	र	त	◌ी	क	न	र	◌ि	छ	न	◌्	य	छ	◌्	◌्
स	म	◌ा	न	त	◌ा	र	प	ल	उ	घ	थ	र	ध	र	◌ा
ण	ध	ऊ	न	थ	द	द	◌ी	◌ा	ज	आ	ह	◌ी	त	र	र
र	◌ा	ज	न	◌ी	त	◌ि	घ	ह	ऊ	ऊ	ट	ट	स	◌ा	ए
छ	ग	इ	◌ू	र	◌ा	ष	◌्	ट	◌्	र	ढ	◌्	◌ि	व	स
च	इ	श	◌ा	◌ं	त	◌ि	प	◌ू	र	◌्	ण	ष	व	म	प
ख	त	ए	क	ल	त	ए	द	च	फ	प	फ	◌्	◌ि	स	श
भ	य	ऊ	ढ	न	भ	घ	च	आ	घ	ब	ण	◌ा	ल	छ	ख
उ	स	र	ढ	य	ब	ष	ब	ठ	आ	प	ध	र	ए	त	उ
य	ऊ	प	ण	स	थ	न	ड	त	ग	ठ	छ	ध	ठ	ल	छ

जिला
लोकतंत्र
स्मारक
चर्चा
स्वतंत्रता
शांतिपूर्ण
नेता
न्याय
कानून
समानता
राष्ट्र
राष्ट्रीय
राजनीति
अधिकार
भाषण
राज्य
प्रतीक
आजादी
संविधान
सिविल

89 - Berufe #1

म	ज	◌़	◌ा	स	ल	न	ग	त	ल	च	प	त	ऊ	म	ल
ख	◌ा	◌ौ	त	म	आ	य	द	ध	ह	◌ि	श	भ	ष	◌ै	ख
ए	थ	न	ह	च	र	इ	इ	ग	त	क	◌ु	ल	स	क	र
ण	ञ	◌ी	च	र	थ	ट	फ	ख	ध	◌ि	च	ख	◌ं	◌े	ड
ऊ	ध	ञ	◌ो	◌ि	◌ी	श	म	व	ढ	त	◌ि	ग	ग	न	म
ठ	ब	◌ा	क	य	त	स	व	ल	थ	◌्	क	◌ो	◌ी	◌ि	◌ु
न	ष	ज	च	म	द	◌्	आ	क	र	स	◌ि	ल	त	क	न
त	आ	◌्	उ	ठ	◌ू	र	र	ट	◌ी	क	त	व	क	द	◌ी
श	र	व	ग	ष	ज	न	त	क	क	ल	◌्	◌ि	◌ा	व	म
इ	त	◌ि	प	ट	◌ा	घ	त	ग	◌ा	य	स	ज	र	◌ा	क
घ	ढ	◌ू	ध	स	र	भ	ढ	ट	◌ि	र	क	◌्	न	न	ल
ट	भ	भ	ब	◌ै	◌ं	क	र	र	श	ञ	य	ञ	द	◌ो	◌ा
न	र	◌्	त	क	◌ी	उ	ट	च	ऊ	उ	च	◌ा	घ	य	क
ढ	ऊ	क	न	◌ि	ञ	◌ा	ज	◌्	व	◌ै	◌ो	न	म	◌ा	◌ा
श	ह	त	ए	भ	ड	ध	प	घ	न	प	छ	◌ी	ढ	◌ि	र
ब	य	ण	ध	ह	ध	त	श	ठ	ण	ढ	र	ट	व	प	त

चिकित्सक
खगोल विज्ञानी
बैंकर
राजदूत
मुनीम
भूविज्ञानी
शिकारी
जौहरी
मानचित्रकार
नलसाज़
नर्स
कलाकार
मैकेनिक
संगीतकार
पियानोवादक
मनोवैज्ञानिक
वकील
नर्तकी
पशु चिकित्सक
कोच

90 - Adjektive #1

श	ऊ	ह	न	ष	ए	ण	ए	भ	भ	ठ	ध	ड	घ	घ	ऊ
उ	क	ल	◌ा	त	◌्	म	क	ण	श	न	र	ग	न	व	ब
स	त	इ	म	ध	ब	ठ	ठ	ध	आ	ऊ	ण	ञ	◌ि	ख	ण
ग	क	◌्	स	छ	ध	ल	ल	ध	क	ह	ब	ठ	र	ख	इ
प	व	◌्	त	श	व	म	श	र	र	ग	ष	ल	प	आ	ह
ढ	घ	च	र	म	स	◌ू	◌ा	म	◌्	ख	म	व	◌े	ए	घ
घ	ग	ठ	स	◌ि	◌ा	श	◌ि	घ	ष	य	घ	आ	क	न	स
इ	ड	आ	भ	श	य	◌ी	व	त	क	र	ण	फ	◌्	ए	र
ऊ	ग	भ	घ	च	प	फ	ध	ठ	प	त	ल	◌ा	ष	उ	द
आ	ध	◌ु	न	◌ि	क	घ	अ	◌ं	ध	◌े	र	◌ा	ब	फ	◌ा
त	भ	◌ा	र	◌ी	म	◌ू	ल	◌्	य	व	◌ा	न	ढ	स	न
ब	छ	ञ	न	ख	◌ु	श	ब	◌ू	द	◌ा	र	ग	ह	र	◌ा
थ	ट	य	द	द	ए	ण	र	◌्	प	◌ू	व	◌्	त	ह	म
य	त	त	थ	छ	ड	म	प	थ	स	◌ु	◌ं	द	र	थ	ई
ग	त	भ	व	ब	भ	ञ	ठ	य	ल	ड	ध	ञ	र	घ	आ
र	फ	इ	ढ	ह	द	ट	थ	ठ	ट	ह	ऊ	ट	ख	◌ु	श

निरपेक्ष
सक्रिय
खुशबूदार
आकर्षक
अंधेरा
पतला
ईमानदार
खुश
समान
कलात्मक
धीमा
आधुनिक
उत्तम
विशाल
सुंदर
भारी
गहरा
मासूम
मूल्यवान
महत्वपूर्ण

91 - Geometrie

श	च	ठ	स	न	व	ड	थ	व	इ	क	ह	फ	र	ढ	ठ
ए	ष	थ	ध	म	ञ	घ	ठ	ृ	घ	ो	उ	द	म	म	ग
र	भ	द	ट	छ	र	स	स	त	ष	ण	ट	ण	न	त	न
ग	ब	म	स	प	ठ	ू	आ	्	स	त	ठ	त	ह	च	भ
र	ल	आ	ष	फ	ऊ	ण	प	त	त	ऊ	ध	र	स	त	ह
ज	त	ि	ष	ै	्	क	न	त	र	द	ऊ	ध	य	प	आ
ञ	ध	इ	त	ण	स	ो	ई	च	ा	ं	ऊ	भ	ा	ा	य
स	ा	म	फ	व	म	र	्	क	व	ड	य	इ	्	ु	प
ड	ं	ख	ड	ऊ	ौ	ि	ब	ण	र	ठ	ब	फ	व	न	उ
ग	द	ख	क	ढ	क	्	व	र	व	य	ड	छ	र	अ	न
प	्	ढ	्	ह	र	त	ख	ठ	श	ब	ग	ब	्	ग	ष
ढ	ि	द	र	य	ण	ढ	ल	म	इ	घ	ड	ण	ग	इ	ख
ञ	स	र	त	न	ा	ं	ा	म	स	ढ	ब	ह	न	ठ	ञ
व	ञ	आ	उ	ग	छ	ढ	ए	त	त	भ	स	व	ड	ा	म
इ	घ	ष	ए	न	य	ख	भ	ख	आ	य	ा	म	च	च	छ
ञ	च	उ	ड	ग	आ	थ	म	द	ठ	म	उ	ल	ठ	उ	र

अनुपात
गणना
आयाम
त्रिकोण
व्यास
समीकरण
क्षैतिज
ऊंचाई
वृत्त
वक्र
तर्क
मास
संख्या
सतह
समानांतर
वर्ग
खंड
समरूपता
सिद्धांत
कोण

92 - Jazz

घ	प	स	◌ं	ग	◌ी	त	क	◌ा	र	◌ो	◌ं	ट	ड	प	ह
च	ख	◌्	श	◌ै	ल	◌ी	व	स	ञ	ग	श	च	थ	स	त
प	ठ	च	र	◌ा	ट	◌्	स	◌्	क	◌े	◌्	र	ऑ	◌ं	ऊ
घ	ञ	य	ह	स	ए	आ	आ	ञ	ए	व	ख	आ	भ	द	उ
स	ह	ग	न	त	◌ि	क	◌ी	न	क	त	स	छ	ध	◌ी	ठ
◌ं	ष	प	य	च	ञ	द	ल	◌ा	त	न	स	ल	ष	द	ग
ग	श	उ	ष	व	ल	ल	◌्	ए	ल	◌्	ब	म	म	◌ा	उ
◌ी	द	ह	ट	प	ढ	त	ल	ध	ट	भ	च	इ	ग	न	इ
त	ख	ड	व	व	आ	प	◌ु	र	◌ा	न	◌ा	ग	म	च	ढ
क	य	श	ह	ष	श	न	य	◌ा	क	छ	म	क	व	र	ऊ
◌ा	ख	भ	त	◌ी	ष	ऊ	थ	ह	ल	ह	प	◌ा	ष	प	व
र	इ	छ	छ	ब	व	उ	ट	ठ	◌ा	आ	स	म	र	◌्	ड
प	◌्	र	त	◌ि	भ	◌ा	ञ	आ	क	र	ग	च	ध	ड	न
फ	त	ल	◌ी	ष	ध	श	ह	श	◌ा	छ	स	ल	म	ष	फ
फ	द	त	ग	◌ी	◌ं	स	इ	◌ा	र	ठ	स	◌ा	न	ए	ञ
थ	च	आ	ध	छ	ब	म	ब	न	व	ठ	उ	ऊ	ठ	ण	श

एल्बम
पुराना
वाहवाही
प्रसिद्ध
पसंदीदा
कामचलाऊ
संगीतकार
कलाकार
गीत
संगीत
संगीतकारों
नया
ऑर्केस्ट्रा
ताल
ड्रम
एकल
शैली
प्रतिभा
तकनीक
रचना

93 - Mathematik

ए	म	व	द	भ	द	अ	ख	ण	ण	फ	ण	ल	ठ	ऊ	ऊ
श	व	र	र	ञ	छ	भ	◌ं	र	त	न	◌ा	◌ं	◌ा	म	स
थ	ब	◌्	प	भ	फ	व	ग	क	ब	ह	◌ु	भ	◌ु	ज	अ
ह	न	ग	म	र	न	च	ल	◌ी	ग	व	ष	आ	ण	ण	◌ं
स	म	र	◌ू	प	त	◌ा	ञ	म	त	ण	◌ो	क	द	य	श
स	घ	र	छ	ध	ण	ण	ब	स	श	ख	◌ि	च	ल	◌ो	थ
च	श	च	प	◌्	र	त	◌ि	प	◌ा	द	क	त	ठ	ग	ह
ब	ऊ	प	ण	ञ	न	ब	य	स	ह	ऊ	ण	य	ल	ज	श
फ	ट	र	त	◌्	र	◌ि	ज	◌्	य	◌ा	र	आ	ऊ	◌्	ए
ड	त	◌ि	श	ऊ	इ	भ	च	त	ण	◌ा	त	ञ	ट	य	ञ
ष	द	ध	◌ा	◌ी	स	ष	च	ट	त	म	◌्	ह	ख	◌ा	श
ण	ठ	◌ि	ड	ञ	आ	ड	ठ	ए	ग	ऊ	श	व	ल	म	ल
ह	फ	ण	र	ह	ए	ख	न	ख	छ	च	ञ	ग	इ	◌ि	आ
श	ग	ड	स	प	स	इ	त	◌्	र	◌ि	क	◌ो	ण	त	ह
ध	ह	भ	स	थ	ए	◌ँ	य	◌ा	ख	◌्	◌ं	स	थ	◌ि	ध
ऊ	श	स	ह	श	न	स	आ	द	ठ	उ	ढ	ञ	थ	प	आ

अंकगणित
अंश
दशमलव
त्रिकोण
व्यास
प्रतिपादक
ज्यामिति
समीकरण
समानांतर
बहुभुज
वर्ग
त्रिज्या
आयत
सीधा
योग
समरूपता
परिधि
आयतन
कोण
संख्याएँ

94 - Messungen

क	ि	ल	ो	ग	्	र	ा	म	ण	ण	ड	छ	ल	र	ठ
क	औ	ं	स	च	ग	ट	त	र	म	आ	ए	थ	ए	म	त
ख	ि	च	स	त	द	ी	ग	ा	च	ा	छ	ट	उ	आ	प
प	व	ल	म	श	द	म	ऊ	्	घ	घ	स	इ	न	ग	भ
त	स	इ	ो	भ	उ	प	च	ग	ई	ड	़	ा	ौ	च	व
द	ख	ए	ट	म	व	ज	न	छ	छ	श	ई	ब	ा	ं	ल
ट	ल	थ	ण	इ	ी	र	ी	ग	्	ि	ड	ई	छ	इ	ञ
ण	द	इ	इ	आ	ण	ट	न	ि	म	ई	च	ा	ं	ऊ	ब
ट	आ	य	त	न	ल	म	र	ल	ल	ी	ट	र	फ	ध	ठ
च	फ	च	ष	ठ	य	ी	ऊ	ग	ह	श	ध	ह	म	ल	त
व	ष	ए	व	श	य	ट	त	ठ	र	ध	ग	ग	ण	ब	फ
ल	च	उ	उ	श	ह	ी	व	उ	ए	र	ए	म	ख	ञ	न
ल	आ	य	य	ष	छ	ं	ह	च	ड	च	उ	घ	य	छ	र
उ	व	ए	य	भ	म	े	आ	य	ऊ	ढ	ऊ	प	घ	ण	ड
व	ए	व	ढ	ञ	द	स	ढ	य	उ	र	स	ग	आ	ब	ढ
उ	स	म	ण	ख	ठ	श	व	र	ऊ	आ	ल	ख	ण	ण	व

चौड़ाई
बाइट
दशमलव
वजन
डिग्री
ग्राम
ऊंचाई
किलोग्राम
किलोमीटर
लंबाई
लीटर
मास
मीटर
मिनट
गहराई
टन
औंस
आयतन
सेंटीमीटर
इंच

95 - Boxen

घ	ह	त	थ	क	ग	य	◌ा	ख	त	ह	भ	य	आ	ल	ष
भ	◌ं	ट	थ	ब	फ	फ	थ	प	ग	म	ञ	◌ो	र	◌ा	आ
ग	द	ट	य	द	य	ल	ठ	प	ट	व	ठ	◌ं	च	त	च
इ	श	ध	◌ी	र	◌ो	◌ि	व	ब	ल	म	ण	स	उ	ध	द
क	ट	द	य	घ	ए	ए	ग	स	त	ञ	स	◌ि	म	ठ	ह
◌ो	अ	◌ं	क	◌्	द	व	द	ड	आ	उ	प	◌्	ब	च	ग
ह	च	ट	◌ू	◌ी	त	◌ा	क	त	थ	फ	थ	स	घ	ञ	ल
न	व	छ	◌ा	श	द	ब	न	ठ	ध	ख	म	र	◌ी	र	श
◌ी	स	ठ	◌़	इ	म	व	न	ठ	◌ो	ड	◌़	◌ी	फ	ऊ	य
ड	◌ू	भ	ड	छ	ठ	स	र	र	ञ	उ	ग	फ	◌ो	त	द
र	ल	ढ	ल	ग	छ	◌ी	ण	न	ञ	ब	घ	◌े	क	श	त
ट	◌ी	ल	श	छ	स	श	ट	ठ	इ	न	ल	र	स	ण	म
ए	ष	ण	◌ौ	ब	र	द	स	◌्	त	◌ा	न	◌े	घ	ग	ख
भ	ब	ल	क	श	ऊ	घ	च	छ	◌ु	ए	व	◌े	व	ष	ध
व	व	द	न	च	द	घ	ध	ग	भ	म	ठ	उ	◌ो	थ	उ
च	स	म	त	र	ख	य	द	फ	ध	ठ	ब	भ	ध	क	छ

कोने
कोहनी
थक गया
मुट्ठी
कौशल
फोकस
विरोधी
घंटी
दस्ताने
लड़ाकू
लात
ठोड़ी
शरीर
अंक
वसूली
रेफरी
शीघ्र
रस्सियों
ताकत

96 - Psychologie

श	ञ	न	ल	अ	प	स	ह	प	श	स	प	ब	अ	व	आ
ए	भ	स	ठ	म	न	ब	प	र	ह	◌ं	व	फ	ह	◌ा	स
ऊ	त	◌ि	क	◌्	य	◌ु	◌ि	न	◌ो	घ	◌्	भ	◌ं	स	छ
च	इ	स	ढ	ढ	द	ल	भ	म	◌े	र	य	ह	क	◌्	घ
घ	◌ि	स	न	स	न	◌ी	इ	◌ू	ब	◌्	क	आ	◌ा	त	न
व	छ	क	ठ	ढ	प	ष	ग	व	त	ष	◌्	य	र	व	ढ
न	प	न	◌ि	ह	च	ऊ	उ	◌ि	छ	◌ि	त	◌ा	च	◌ि	च
फ	य	◌ि	ष	त	ब	व	न	च	थ	च	◌ि	द	◌ा	क	ए
ट	फ	द	फ	उ	◌्	त	क	◌ा	र	ध	त	◌े	◌ि	त	ए
ण	व	◌ा	ध	त	स	स	य	र	ल	त	◌्	◌ं	व	◌ा	म
ए	प	◌ै	ए	ऊ	ल	न	◌ा	◌ो	श	ड	व	स	ए	व	ऊ
इ	◌्	न	ड	व	ण	भ	◌ं	◌ं	प	ट	ण	ठ	ट	थ	उ
घ	र	स	◌ं	क	ट	ह	ल	म	फ	ख	ठ	स	ण	व	ह
ड	भ	र	ह	◌ा	व	य	◌्	व	घ	ड	ए	त	इ	ऊ	छ
ए	◌ा	भ	ऊ	न	य	भ	◌ू	उ	ट	ट	इ	श	य	र	ऊ
ग	व	ल	ध	स	ए	ष	म	स	ण	च	ट	ठ	र	ञ	न

मूल्यांकन
बेहोश
अहंकार
प्रभाव
यादें
विचार
विचारों
बचपन
नैदानिक
संघर्ष

व्यक्तित्व
संकट
सनसनी
नियुक्ति
चिकित्सा
सपने
व्यवहार
अनुभूति
वास्तविकता

97 - Bauernhof #2

न	ट	ञ	छ	त	ह	इ	भ	ज	◌ा	न	व	र	◌ो	◌ं	ड
द	◌्	द	ध	ख	ठ	प	◌े	ण	ध	ख	ख	ठ	त	च	घ
द	र	व	द	थ	ए	ख	ड	न	श	ढ	द	न	ख	द	थ
ढ	◌ै	ठ	ञ	भ	ब	ग	◌़	ग	ए	म	द	ख	ठ	ह	इ
छ	क	ण	घ	आ	ऊ	ठ	इ	थ	ए	ड	आ	न	थ	ल	ठ
फ	◌्	च	य	ठ	थ	ब	फ	ख	व	फ	ब	त	ख	न	फ
घ	ट	आ	भ	आ	स	◌ि	◌ं	च	◌ा	ई	ञ	छ	व	स	ल
थ	र	द	थ	घ	ह	◌ू	◌ँ	◌े	ग	क	इ	आ	द	ब	◌ो
ढ	ल	ष	ऊ	घ	ल	◌ु	च	ड	घ	म	त	इ	भ	◌्	द
म	व	ञ	म	◌े	म	न	◌ा	स	न	ठ	श	ण	◌ो	ज	◌्
च	त	उ	◌ा	त	ध	व	ए	क	ज	◌ौ	उ	ह	ज	◌ौ	य
द	र	ट	◌ा	य	म	त	थ	ढ	प	थ	च	इ	न	उ	◌ा
ढ	◌ू	व	ल	फ	क	◌ि	स	◌ा	न	ह	◌ा	◌ि	ल	ख	न
आ	ठ	ध	◌ा	ट	ध	ञ	ह	ड	उ	प	व	च	ट	ग	द
थ	ह	ण	आ	ह	ध	स	त	ड	ढ	ए	ष	ह	ग	ण	ढ
ल	ष	ञ	न	द	◌ा	म	◌ै	क	◌ा	स	◌ा	घ	ब	च	उ

किसान
सिंचाई
बतख
भोजन
फल
सब्जी
जौ
लामा
मेमना
मकई
दूध
फलोद्यान
पका हुआ
भेड़
चरवाहा
खलिहान
जानवरों
ट्रैक्टर
गेहूँ
घास का मैदान

98 - Berufe #2

व	ए	फ	र	य	द	र	ञ	ब	ड	म	प	म	च	च	ऊ
ञ	य	ण	क	ब	श	◌ं	◌ा	ठ	व	न	◌ा	त	ण	◌ि	ए
म	भ	ठ	◌ा	ब	फ	◌ो	त	ज	ग	ह	य	व	घ	त	ञ
ड	र	र	र	ऊ	ढ	र	ध	च	न	श	ल	ण	फ	◌्	म
क	स	त	◌्	क	◌ि	◌ि	च	क	◌ि	◌ी	ट	ए	इ	र	प
द	स	ह	त	ऊ	र	ग	ड	ए	र	क	त	ख	भ	क	र
इ	◌ू	भ	प	ध	उ	ए	य	ख	आ	◌्	◌ि	◌ि	ल	◌ा	ख
ल	◌ा	इ	ब	◌्	र	◌े	र	◌ि	य	न	त	त	ज	र	च
घ	ज	फ	◌ो	ट	◌ो	ग	◌्	र	◌ा	फ	र	◌ा	◌्	◌्	घ
इ	ल	स	◌्	ट	◌्	र	◌े	ट	र	च	भ	घ	उ	स	ञ
ब	ह	◌ु	भ	◌ा	ष	◌ी	ष	ख	ब	ब	ञ	फ	छ	श	क
आ	व	◌ि	ष	◌्	क	◌ा	र	क	ऊ	स	र	◌्	ज	न	ष
ढ	ठ	द	ज	◌ी	व	व	◌ि	ज	◌्	ञ	◌ा	न	◌ी	ऊ	क
द	◌ा	र	◌्	श	न	◌ि	क	थ	म	◌ा	ल	◌ी	द	श	◌्
इ	◌ं	ज	◌ी	न	◌ि	य	र	ग	ख	र	ह	छ	य	प	◌ि
ज	◌ू	ल	◌ॉ	ज	◌ि	स	◌्	ट	ध	इ	ष	च	ध	इ	श

चिकित्सक
लाइब्रेरियन
जीवविज्ञानी
सर्जन
जासूस
आविष्कारक
शोधकर्ता
फोटोग्राफर
माली
इलस्ट्रेटर
इंजीनियर
पत्रकार
शिक्षक
बहुभाषी
चित्रकार
दार्शनिक
पायलट
राजनीतिज्ञ
दंत चिकित्सक
जूलॉजिस्ट

99 - Wetter

ग	ष	ह	थ	न	म	ख	व	ब	ण	आ	त	ऊ	थ	श	ट
र	क	ल	न	व	उ	ब	ग	व	त	◌ा	प	म	◌ा	न	उ
ज	ल	◌ो	ट	य	ध	◌ी	ब	◌ं	ट	◌ि	क	ण	◌्	ष	उ
र	इ	ग	ह	ठ	न	य	ल	ड	म	◌ं	य	◌ु	◌ा	व	ञ
ष	आ	य	न	र	द	ड	ल	र	ष	ध	च	ञ	थ	म	ब
च	ख	व	ढ	न	◌ा	इ	◌ं	द	◌्	र	ध	न	◌ु	ष	र
श	◌ा	क	आ	फ	आ	ल	द	प	उ	ल	ह	भ	ए	ढ	◌्
च	◌ू	त	◌ं	◌ा	श	फ	घ	ठ	फ	घ	य	ढ	म	श	फ
ब	स	ड	ध	◌ू	य	भ	त	त	ट	आ	न	ग	ब	घ	ए
ज	व	ध	◌ी	त	ह	व	◌ा	त	य	इ	इ	म	◌ि	ग	च
ह	ल	त	फ	म	ठ	थ	◌ी	आ	ए	न	स	◌ा	ज	ड	द
ढ	ऊ	व	उ	र	ब	य	ब	र	श	छ	आ	न	ल	श	ण
ध	उ	र	◌ा	ख	ण	ब	थ	र	◌ु	प	य	स	◌ी	ष	ट
ब	◌ा	द	ल	य	ए	घ	ऊ	ड	छ	◌्	प	◌ू	य	ह	थ
श	म	ध	य	थ	◌ु	थ	ट	न	इ	घ	ध	न	ऊ	उ	ण
ल	र	ष	ड	र	उ	ष	ञ	ड	च	न	छ	च	स	छ	श

वायुमंडल
बिजली
गरज
बर्फ
नम
आकाश
तूफान
जलवायु
मानसून
कोहरा

ध्रुवीय
इंद्रधनुष
शांत
आंधी
तापमान
बवंडर
सूखा
उष्णकटिबंधीय
हवा
बादल

100 - Chemie

न	ग	ट	र	ञ	द	र	आ	ऊ	ट	भ	ग	त	छ	उ	ख
म	◌ा	◌ै	ष	ण	ठ	द	य	ख	न	ज	स	◌ी	◌्	क	ऑ
◌ा	ट	भ	स	ए	म	ग	न	ब	र	◌्	◌ा	क	थ	ड	ग
प	थ	त	◌ि	म	य	ञ	ज	य	◌ॉ	ढ	क	र	इ	स	र
◌ा	ड	म	ल	क	र	ऊ	व	ष	ट	न	◌्	र	ण	ग	ञ
त	ग	ख	ढ	ष	◌ी	थ	ह	ह	◌्	म	ल	◌े	आ	स	य
ए	श	म	ट	आ	ष	य	◌ा	म	क	क	◌ो	प	च	घ	ब
च	◌ं	थ	ग	भ	◌ा	आ	इ	छ	◌्	उ	र	◌्	त	ट	ढ
ब	इ	ज	ह	इ	◌्	ह	ड	ए	◌े	म	◌ी	◌्	ग	ख	ब
च	ञ	ब	◌ा	स	क	अ	◌्	ट	ल	ग	न	त	ट	य	प
फ	घ	त	श	इ	ब	ण	र	ब	इ	ठ	ञ	उ	र	य	त
ए	स	◌ि	ड	थ	म	◌ु	◌ो	क	◌ा	र	◌्	ब	न	◌ि	क
इ	आ	ए	ड	ञ	घ	ढ	ज	उ	य	ट	म	ण	प	न	म
छ	प	द	आ	ध	ट	इ	न	ष	ण	ल	ख	प	व	न	स
ए	ध	आ	छ	आ	फ	य	ह	ह	ग	र	◌्	म	◌ी	ट	र
स	स	ऊ	च	य	◌ा	र	◌ि	क	◌्	त	◌ि	र	◌्	प	ह

क्षारीय
क्लोरीन
इलेक्ट्रॉन
एंजाइम
तरल
गैस
वजन
गर्मी
आयन
उत्प्रेरक
काबेन
अणु
नाभिकीय
कार्बनिक
प्रतिक्रिया
नमक
ऑक्सीजन
एसिड
तापमान
हाइड्रोजन

1 - Gesundheit und Wellness #2

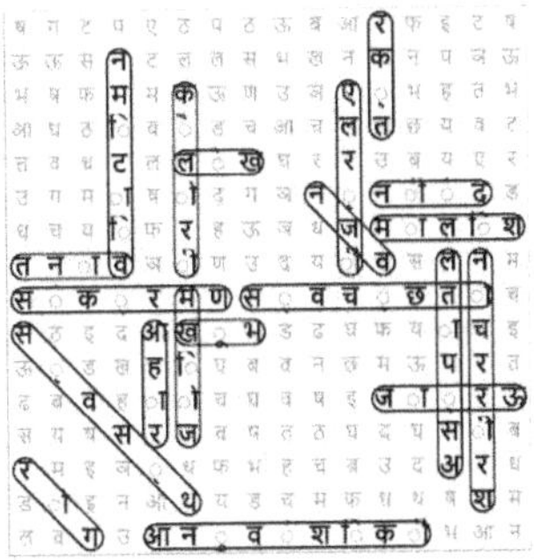

2 - Ozean

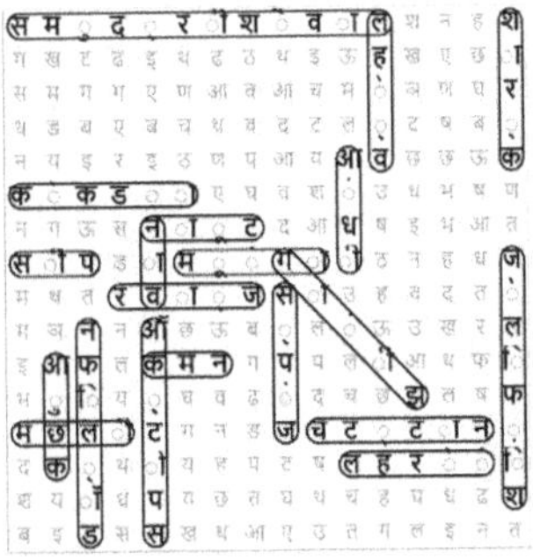

3 - Krankheit

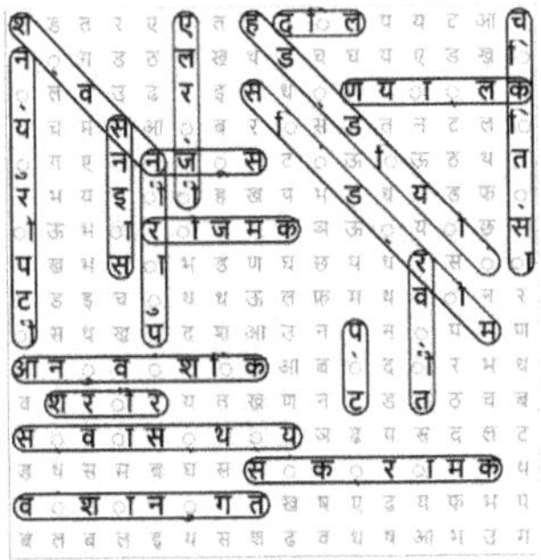

4 - Meditation

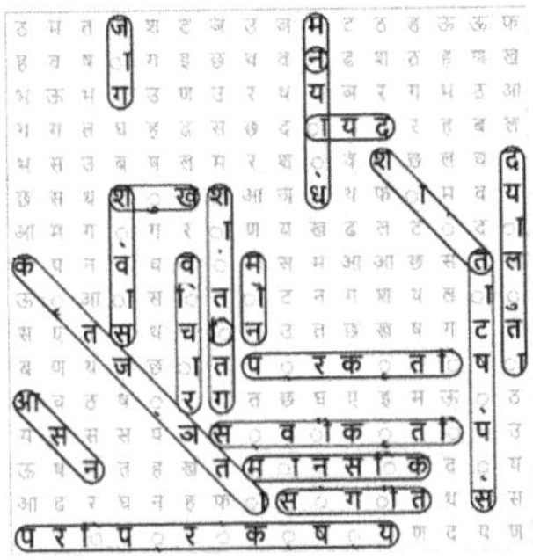

5 - Archäologie

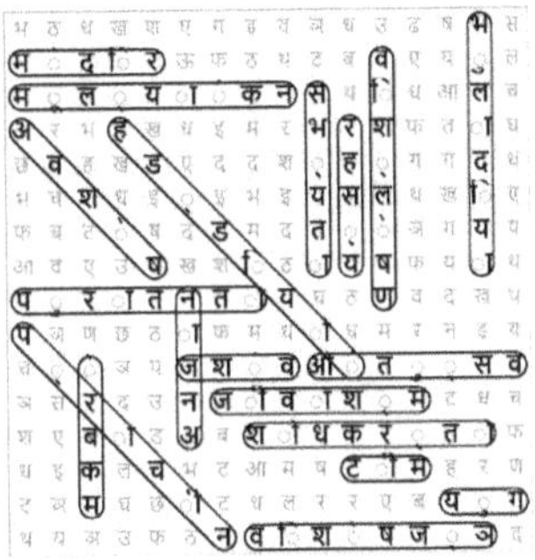

6 - Gesundheit und Wellness #1

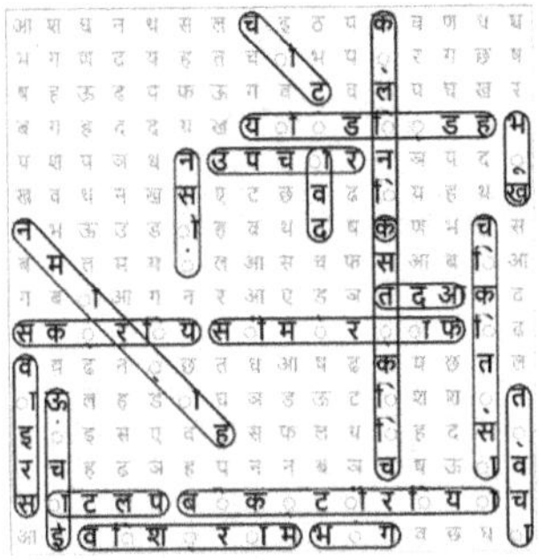

7 - Obst

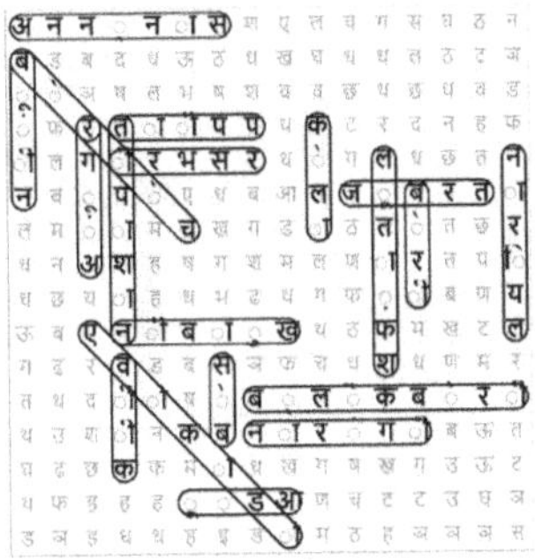

8 - Universum

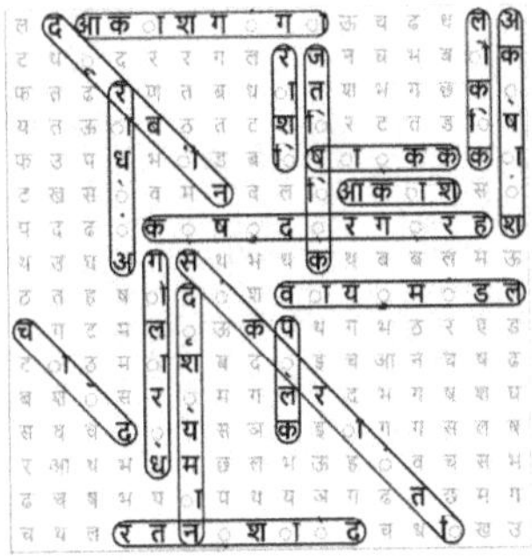

9 - Camping

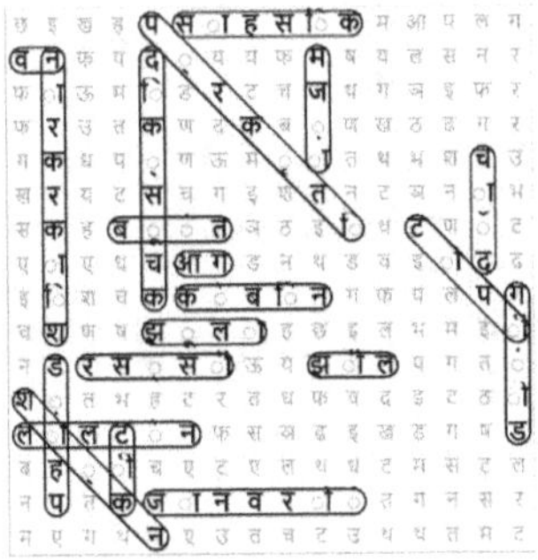

10 - Zeit

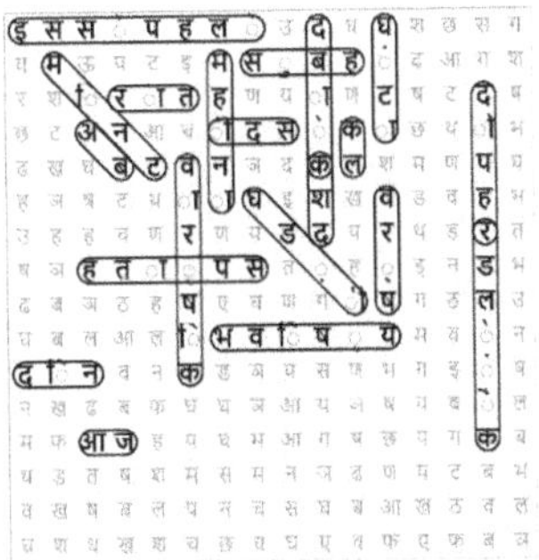

11 - Säugetiere

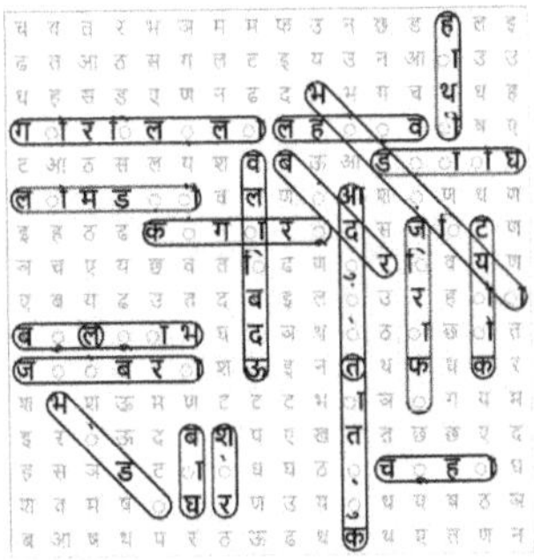

12 - Algebra

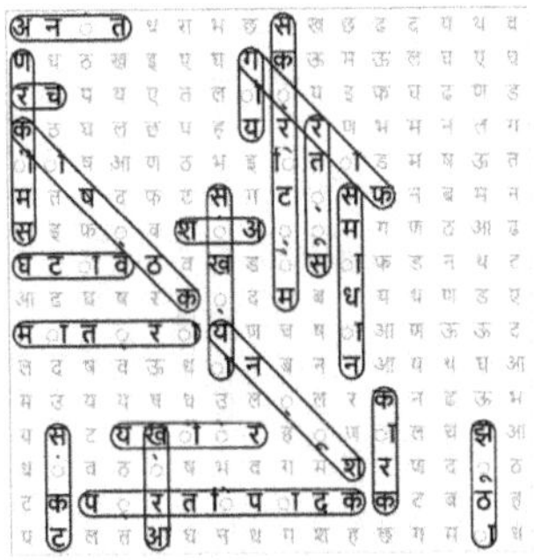

13 - Philanthropie

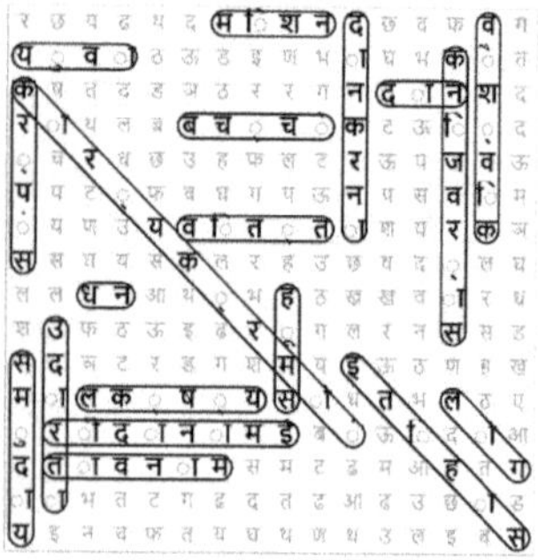

14 - Diplomatie

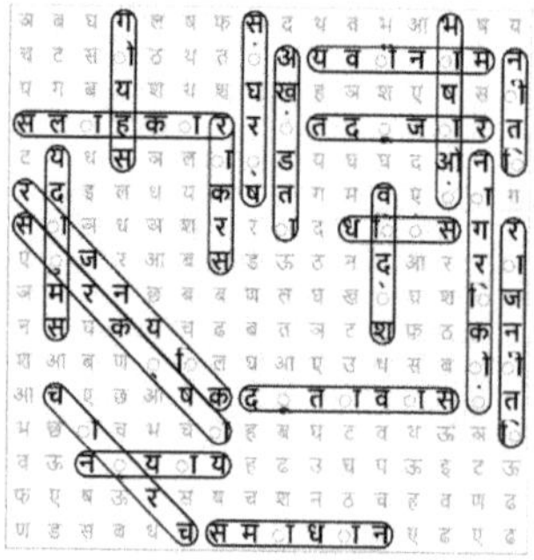

15 - Astronomie

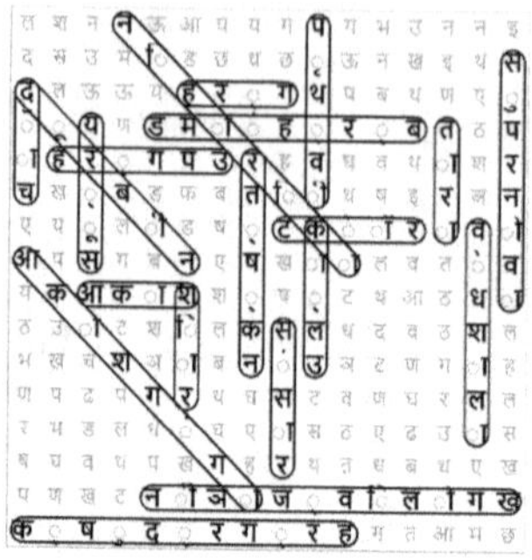

16 - Ballett

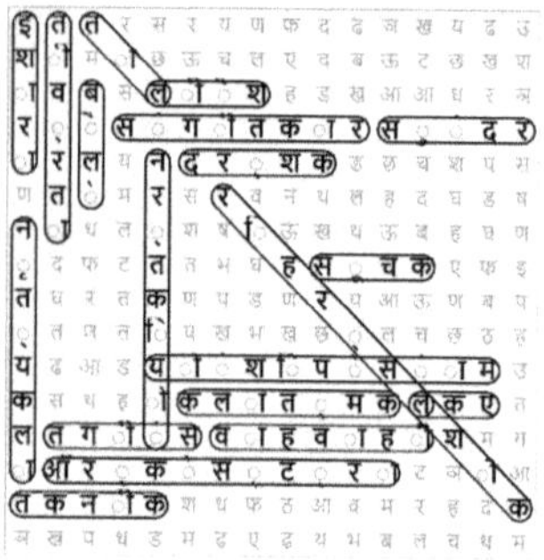

17 - Geologie

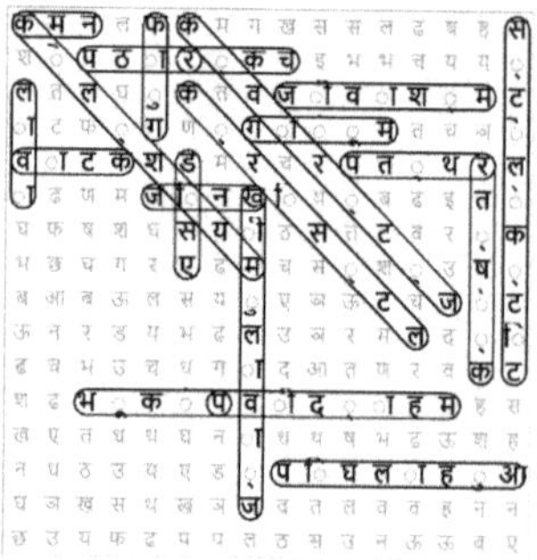

18 - Wissenschaft

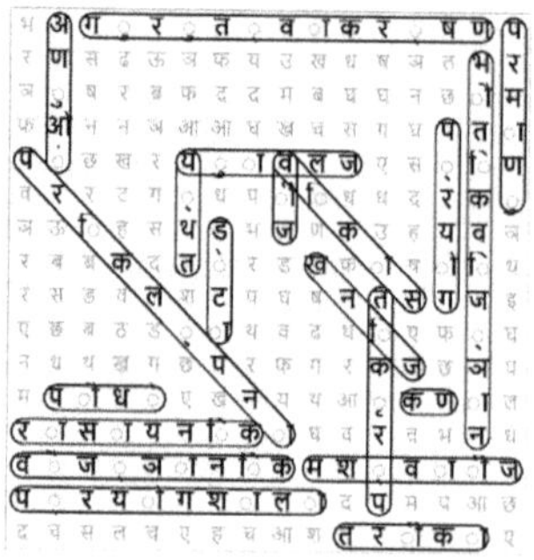

19 - Bildende Kunst

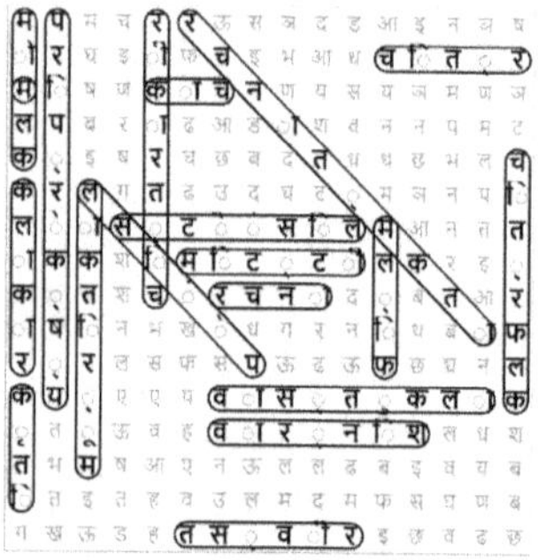

20 - Sport

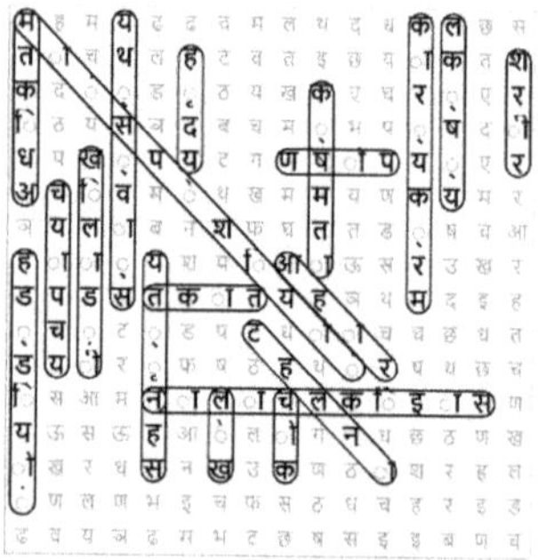

21 - Mythologie

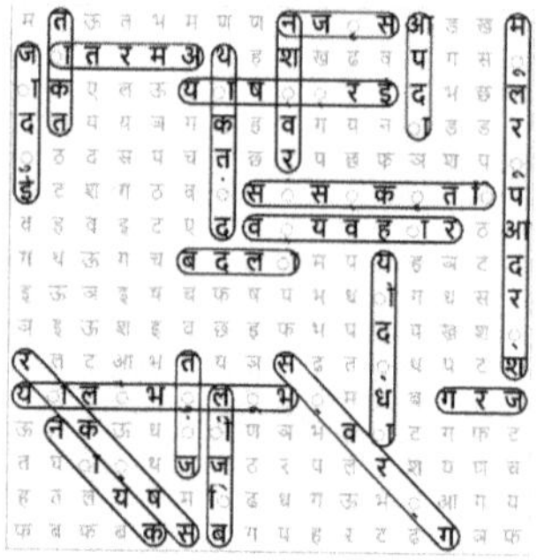

22 - Restaurant #2

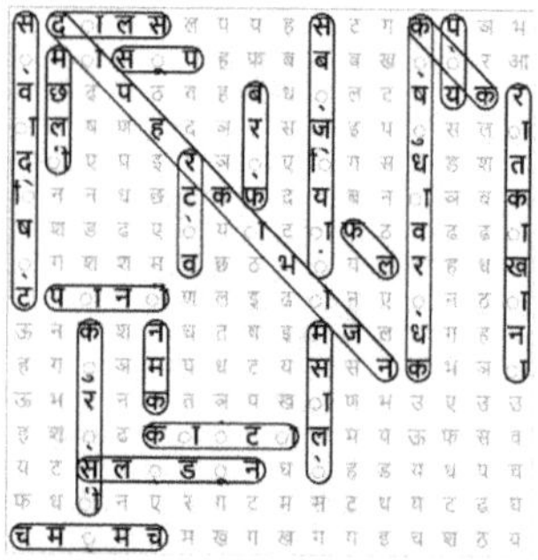

23 - Boote

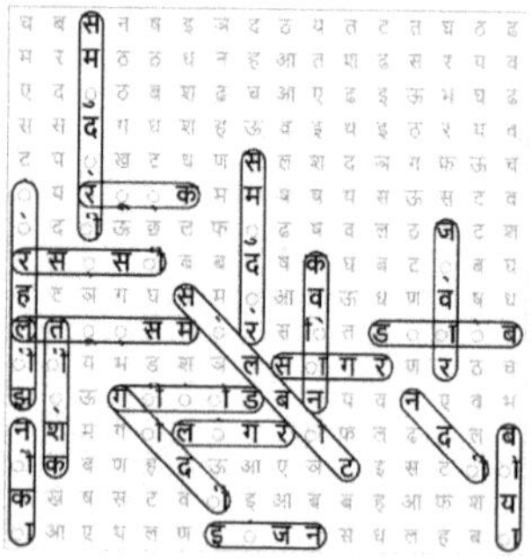

24 - Stadt

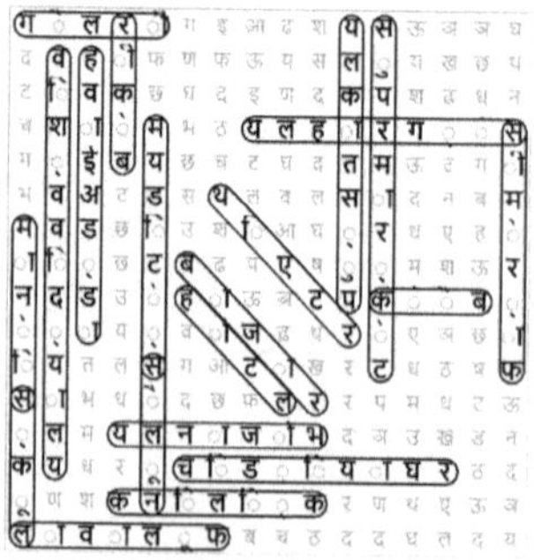

25 - Aktivitäten

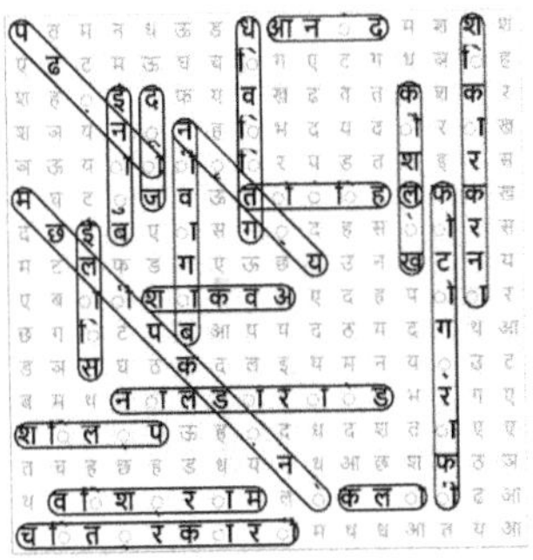

26 - Bienen

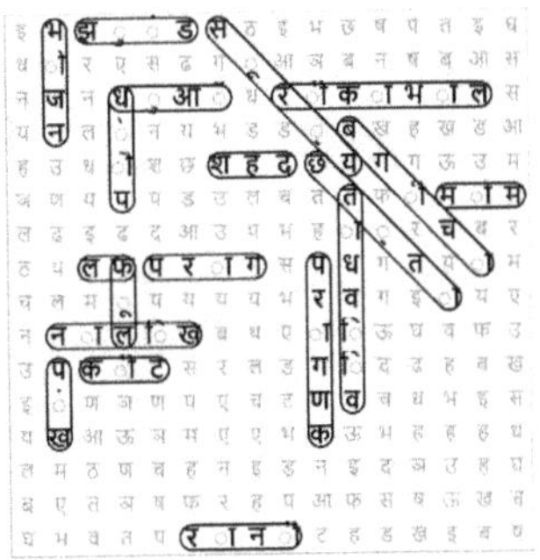

27 - Wissenschaftliche

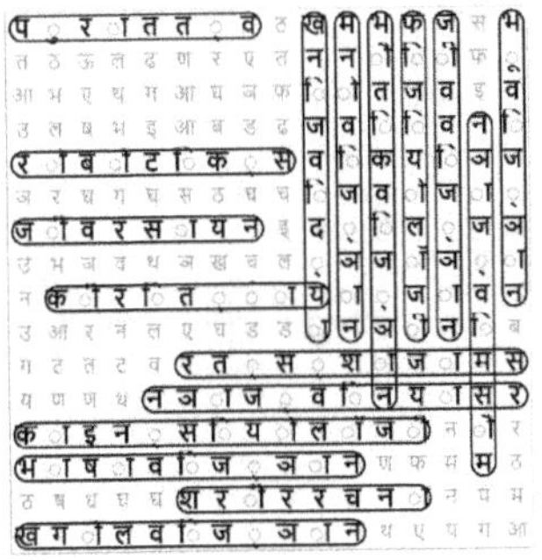

28 - Vögel

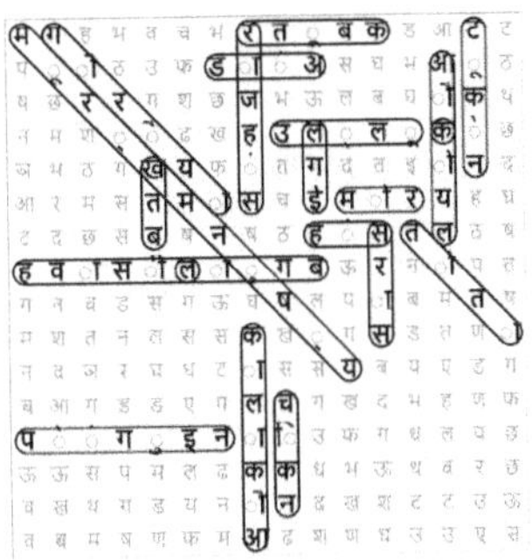

29 - Biologie

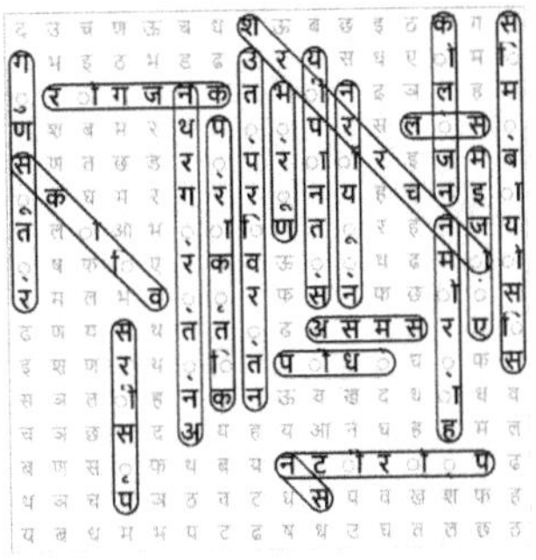

30 - Elektrizität

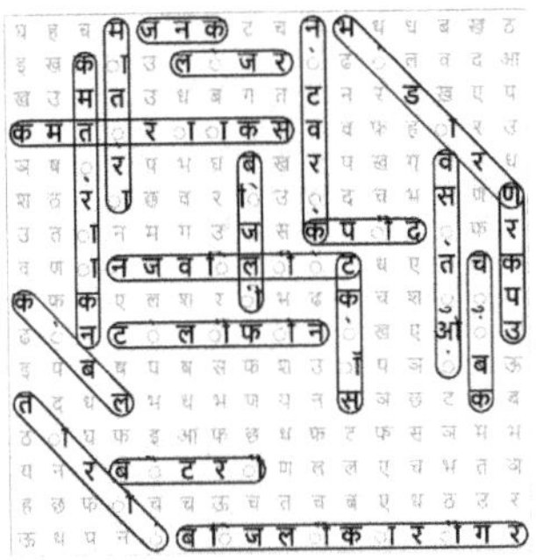

31 - Garten

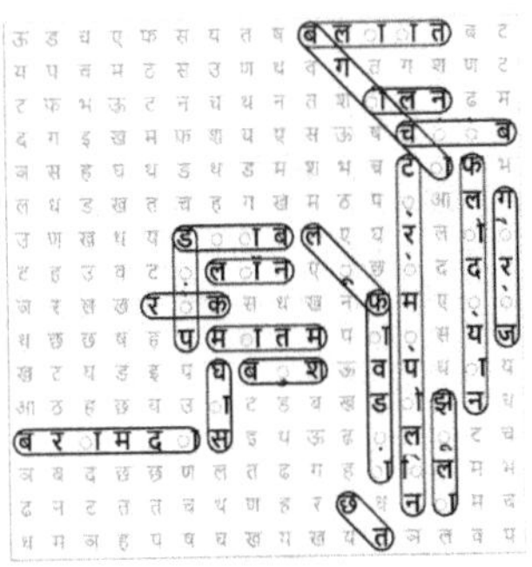

32 - Antarktis

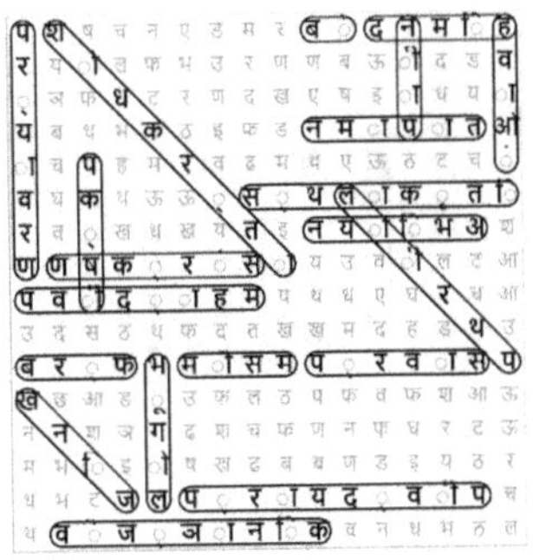

33 - Fahren

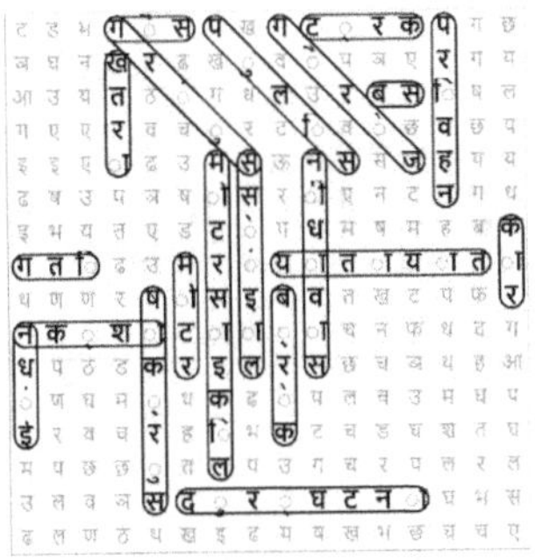

34 - Physik

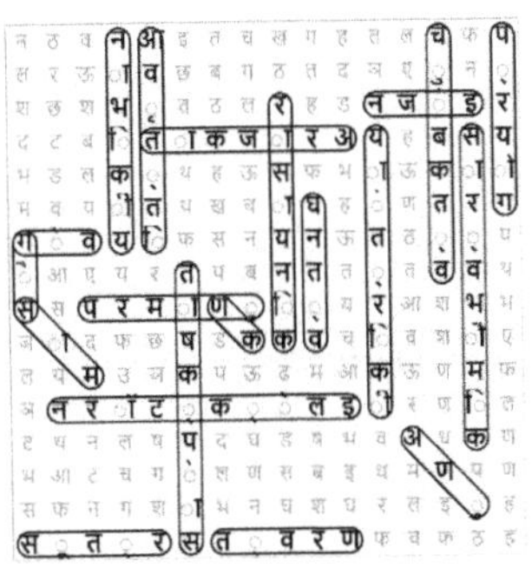

35 - Bücher

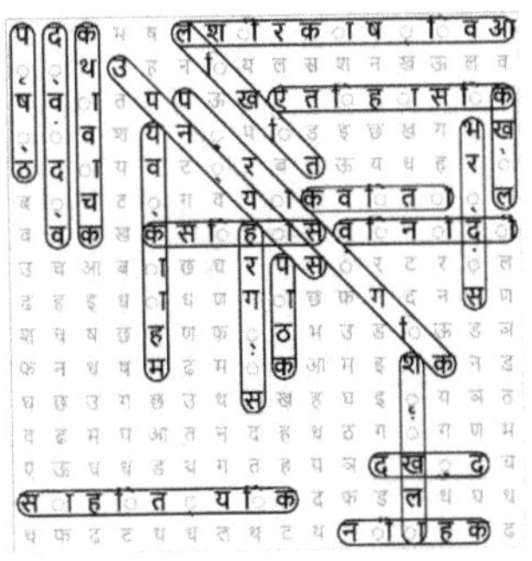

36 - Menschlicher Körper

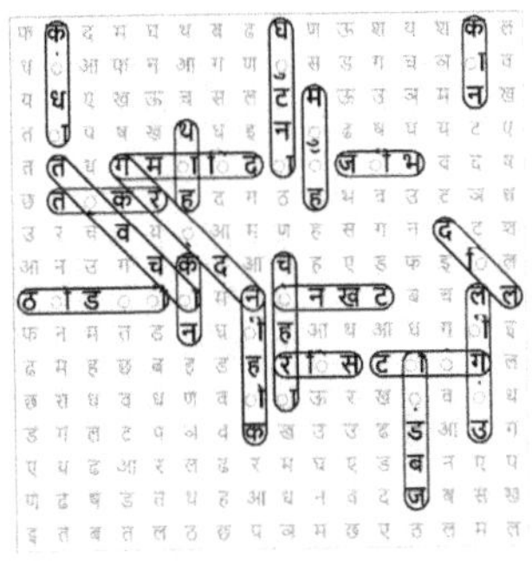

37 - Agronomie

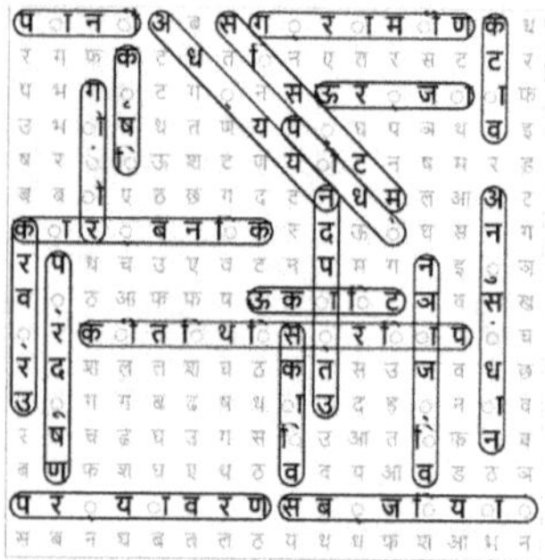

38 - Landschaften

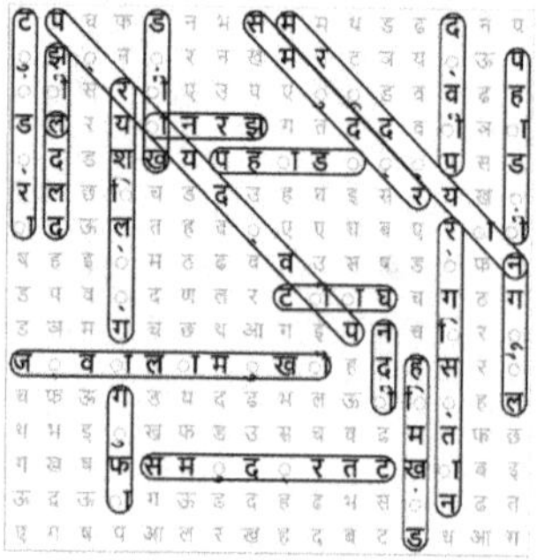

39 - Abenteuer

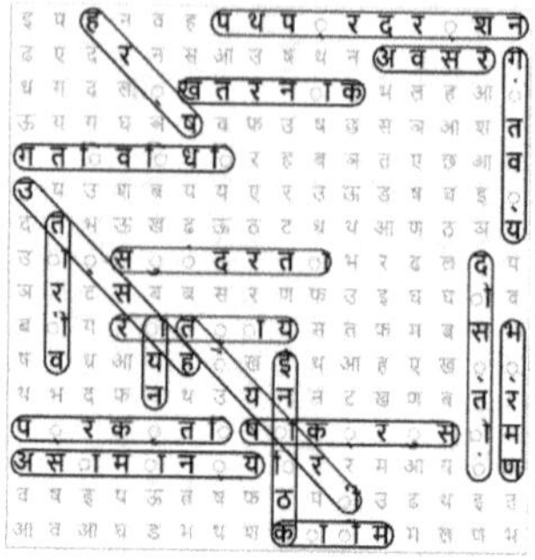

40 - Flugzeuge

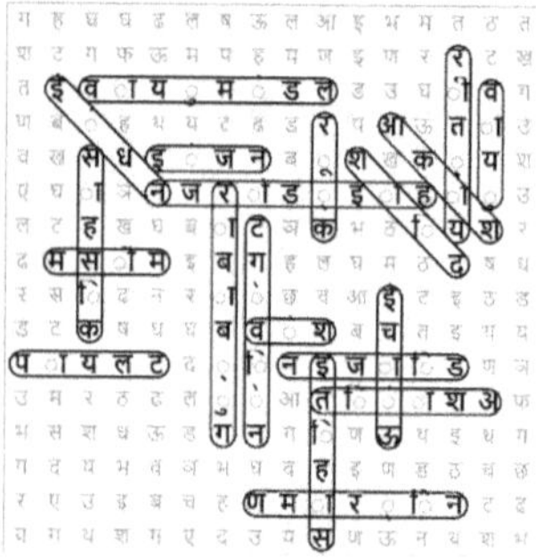

41 - Haartypen

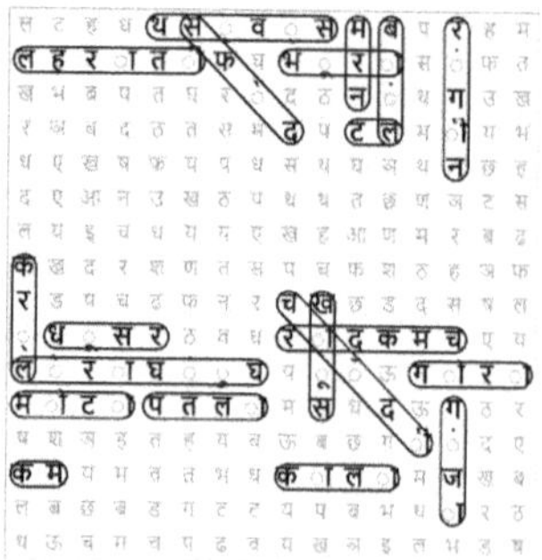

42 - Essen #1

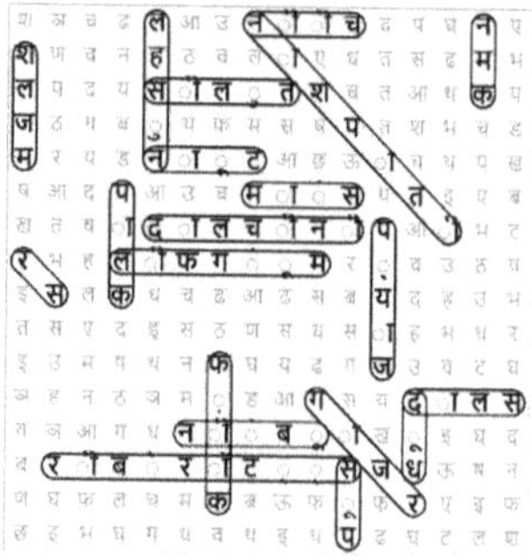

43 - Ethik

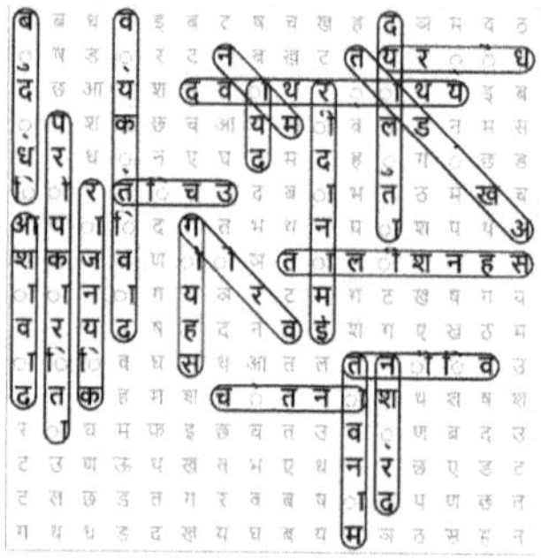

44 - Gebäude

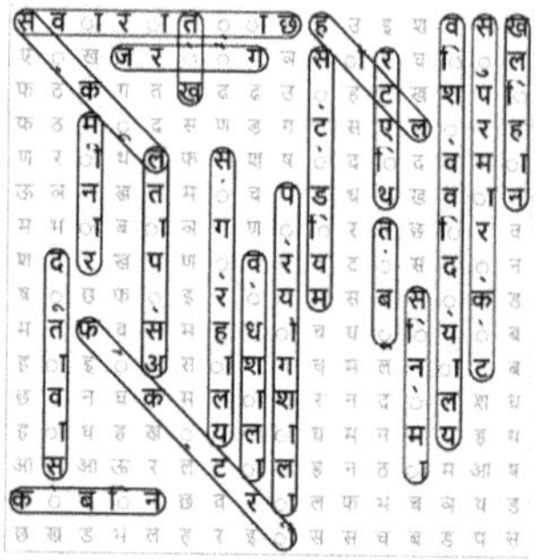

45 - Mode

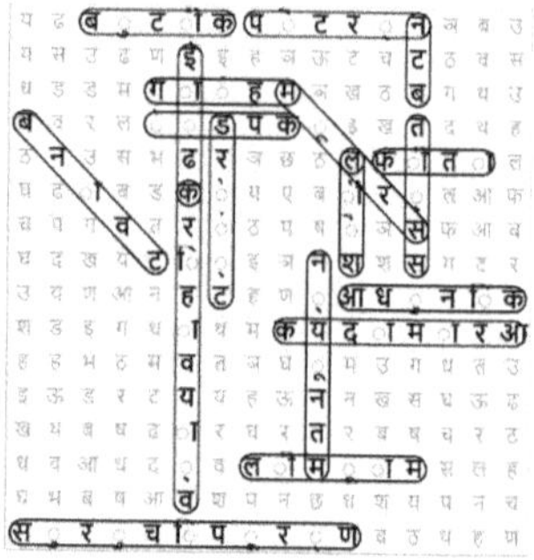

46 - Angeln

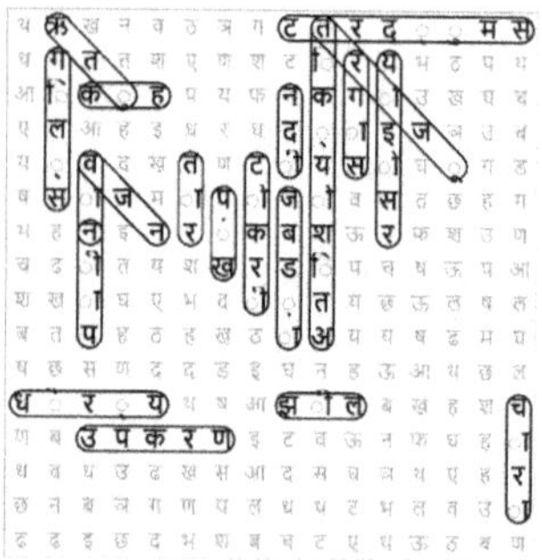

47 - Essen #2

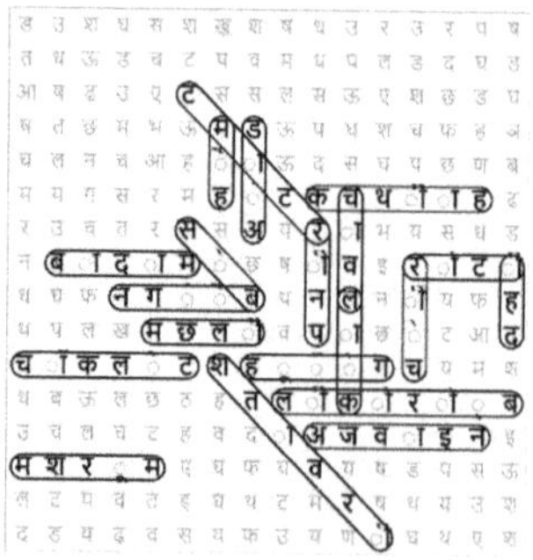

48 - Energie

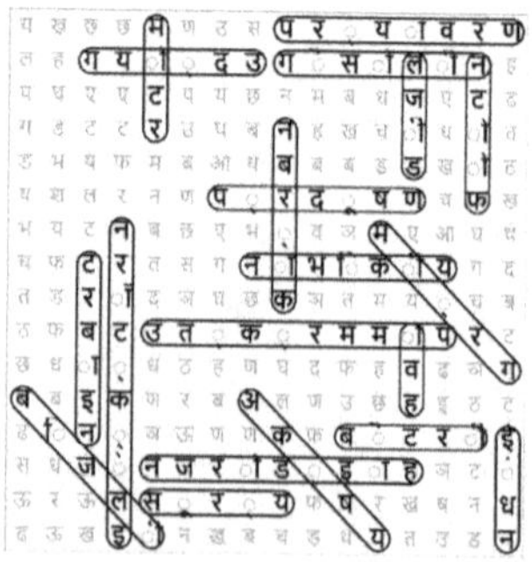

49 - Familie

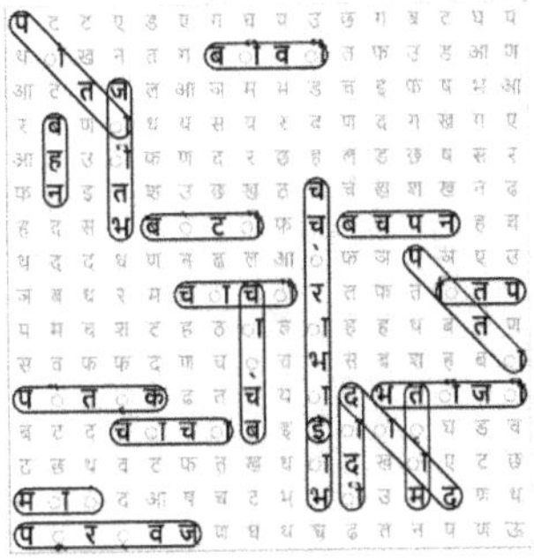

50 - Pflanzen

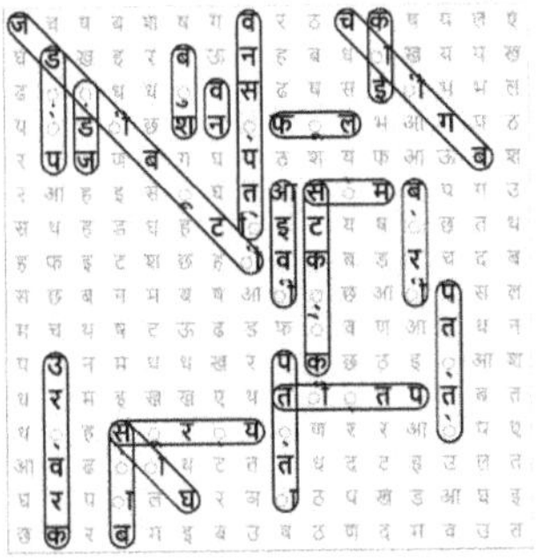

51 - Kunst

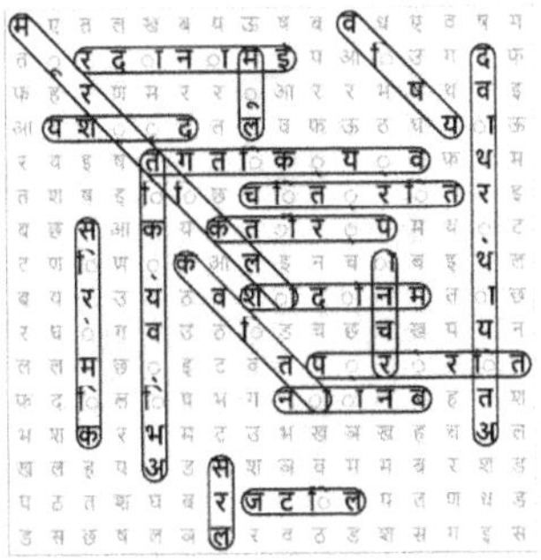

52 - Gewürze

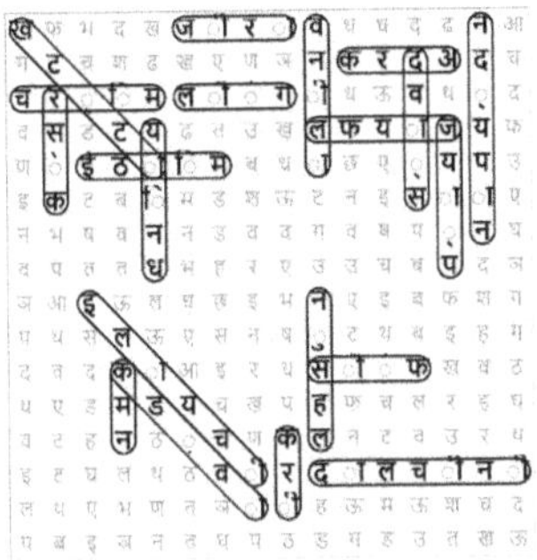

53 - Kreativität

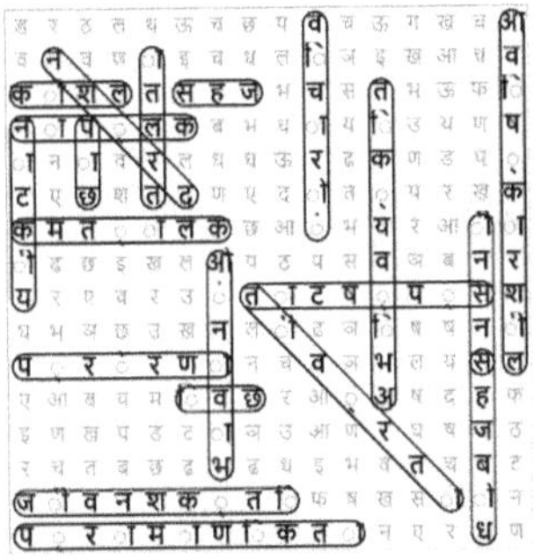

54 - Geschäft

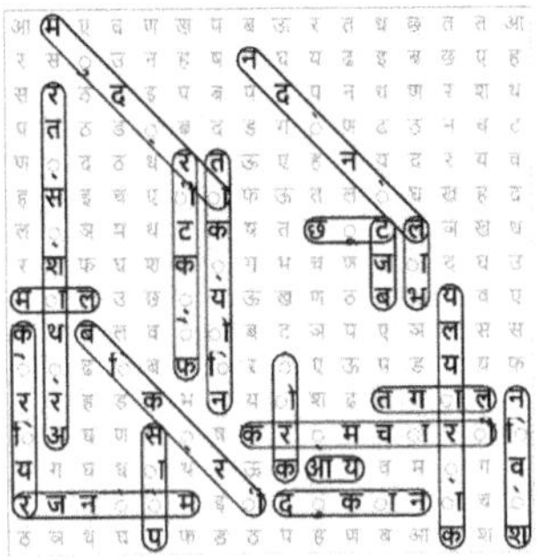

55 - Ingenieurwesen

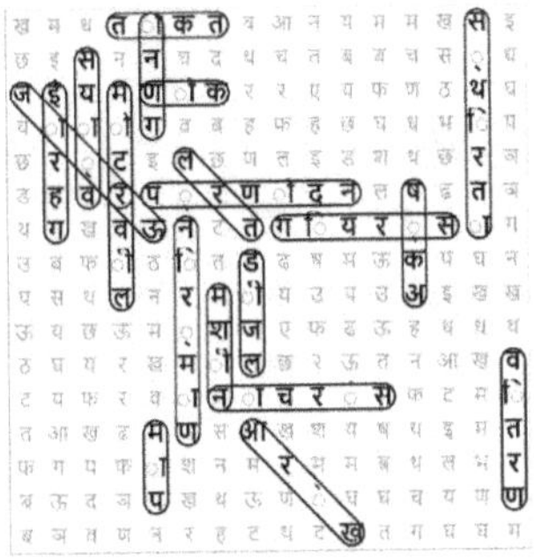

56 - Kaffee

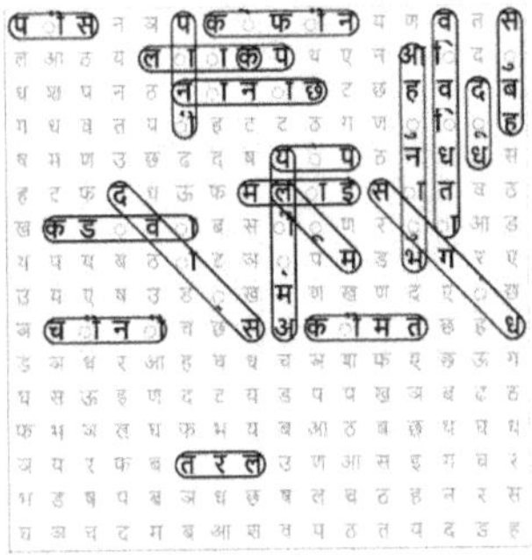

57 - Gemüse

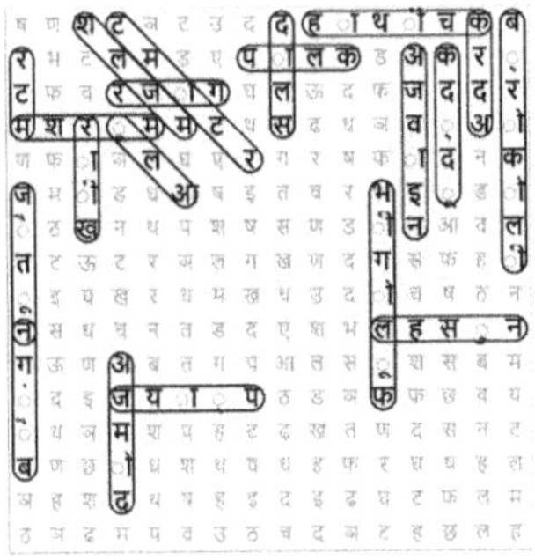

58 - Schönheit

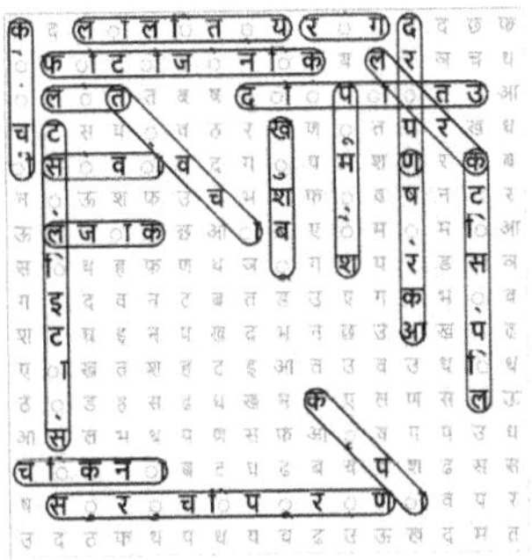

59 - Tanzen

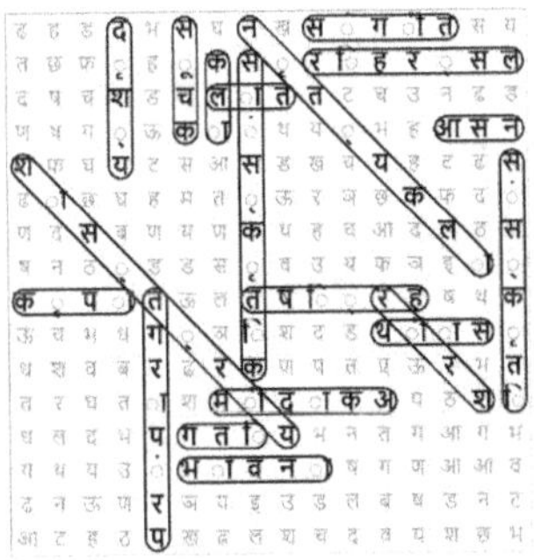

60 - Ernährung

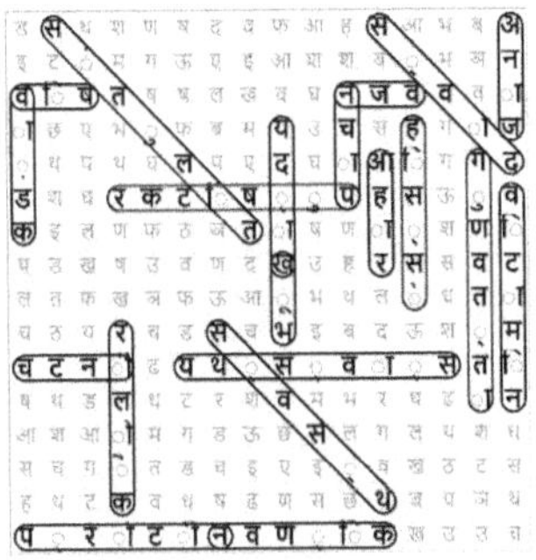

61 - Länder #1

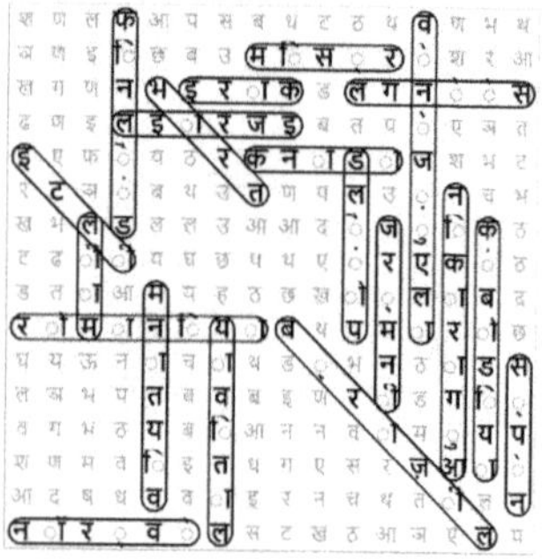

62 - Technologie

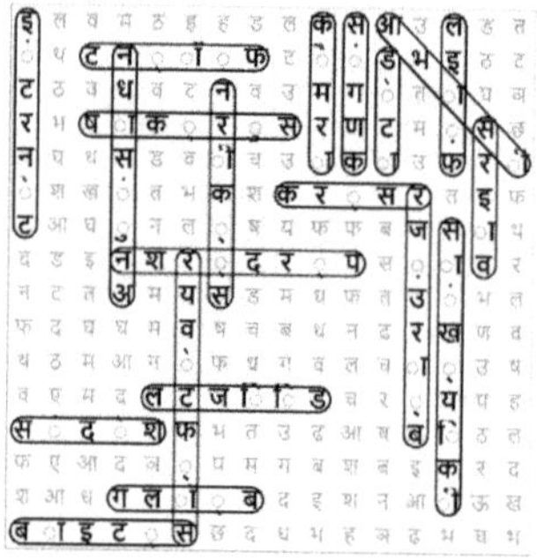

63 - Science Fiction

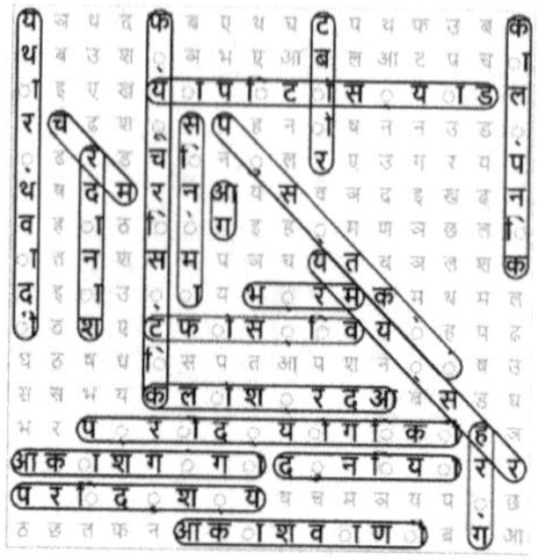

64 - Literatur

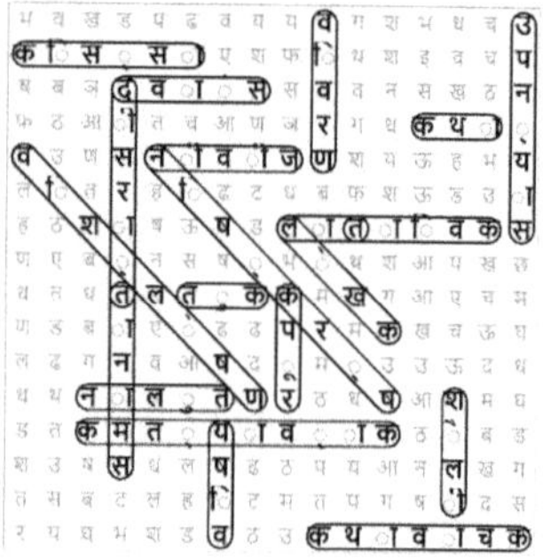

65 - Wandern

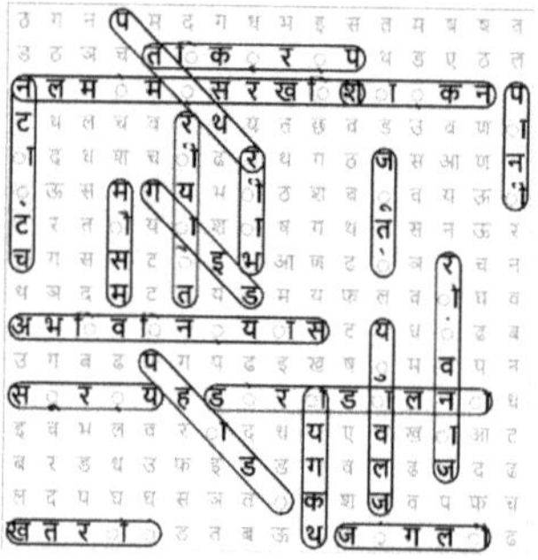

66 - Globale Erwärmung

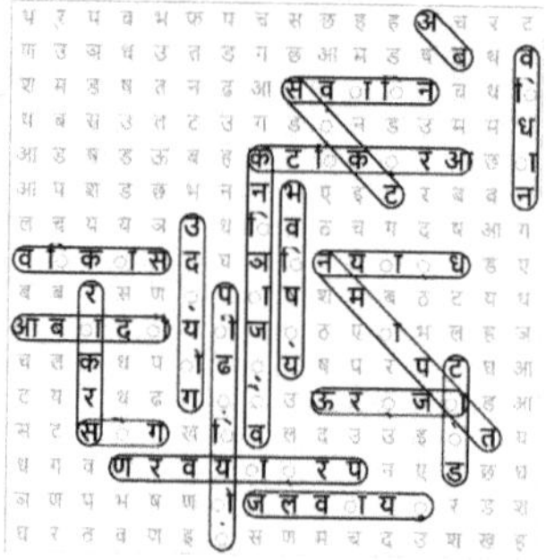

67 - Länder #2

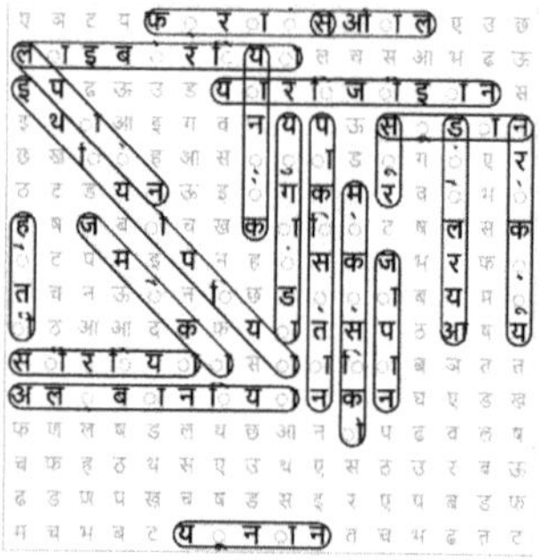

68 - Fahrzeuge

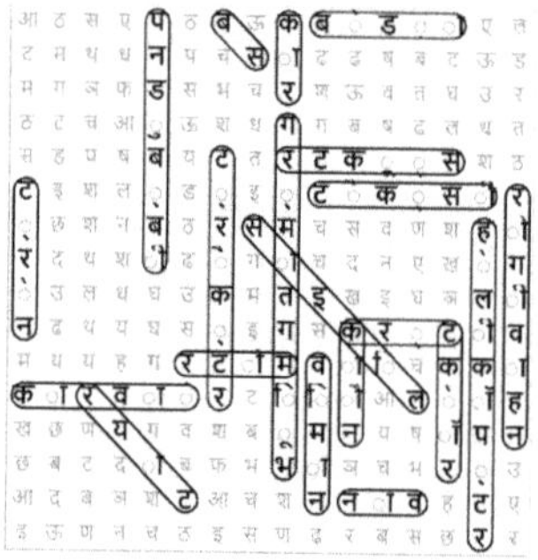

69 - Natur

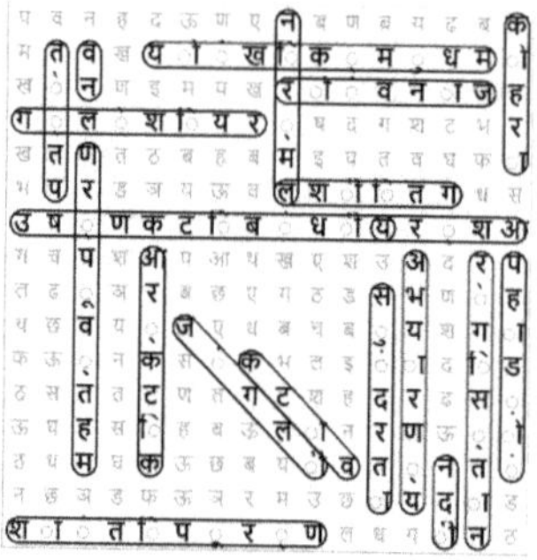

70 - Urlaub #2

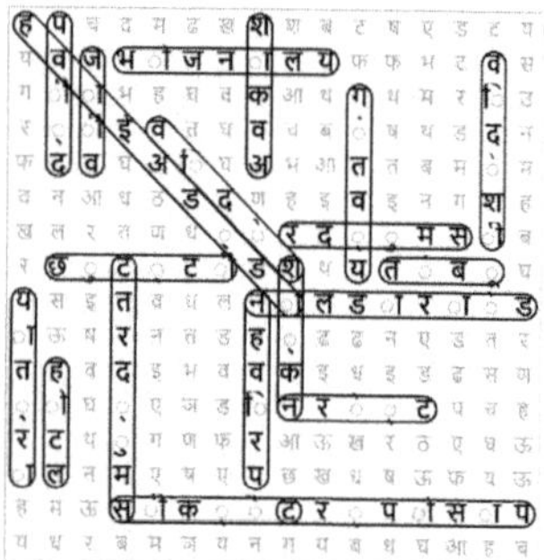

71 - Barbecues

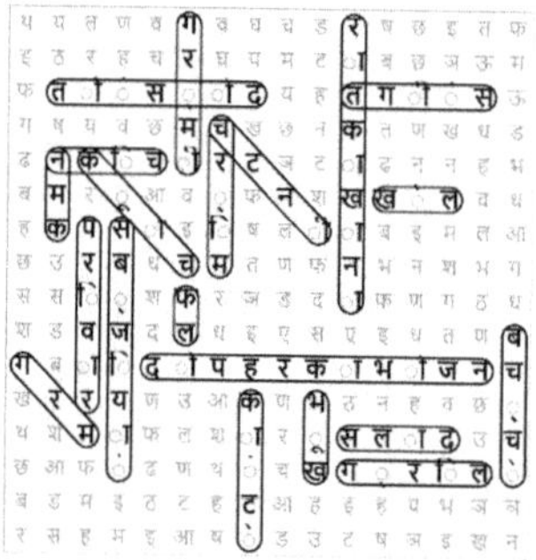

72 - Küche

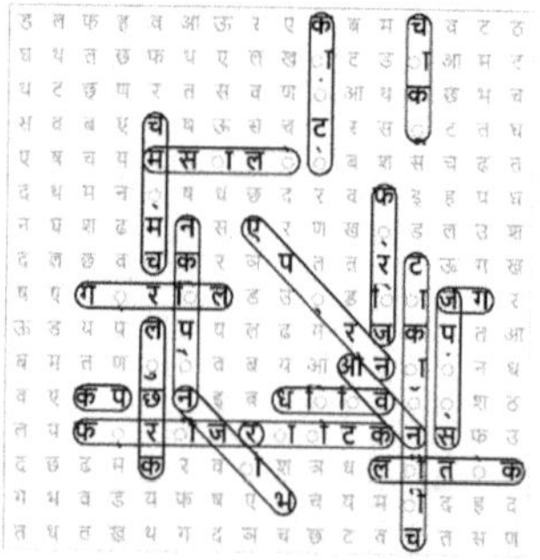

73 - Schach

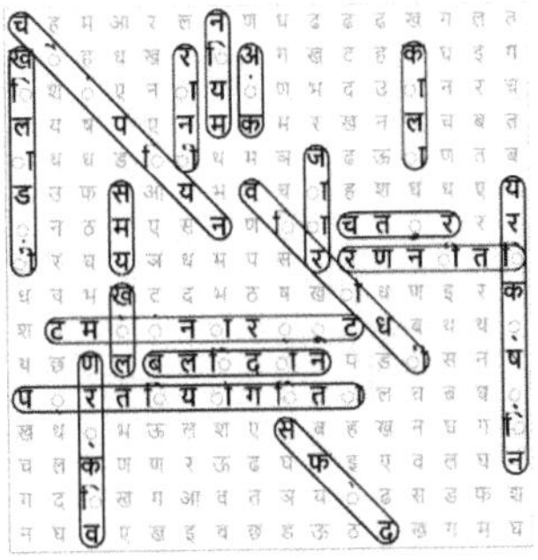

74 - Geographie

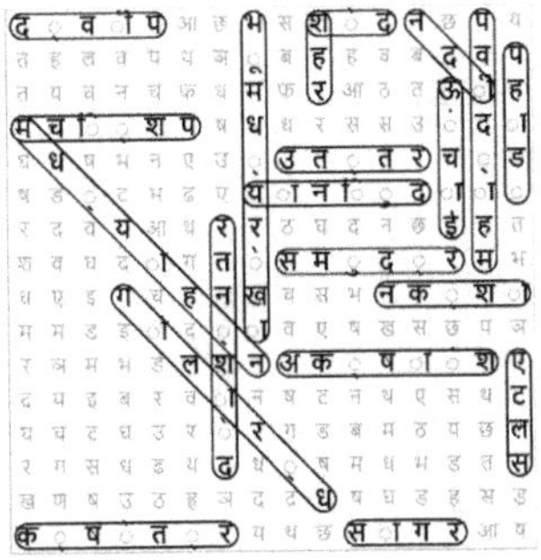

75 - Zahlen

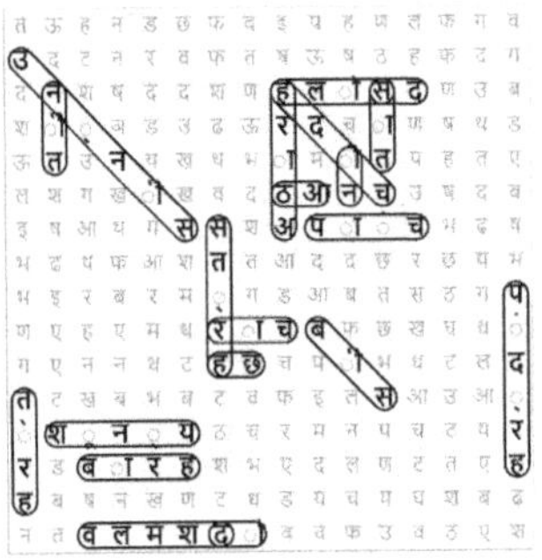

76 - Tage und Monate

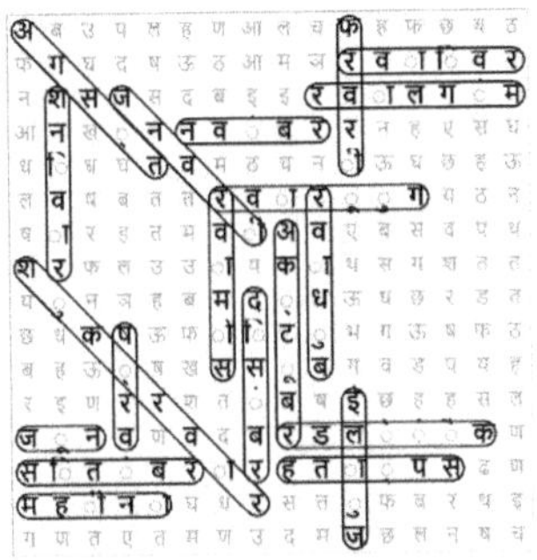

77 - Das Unternehmen

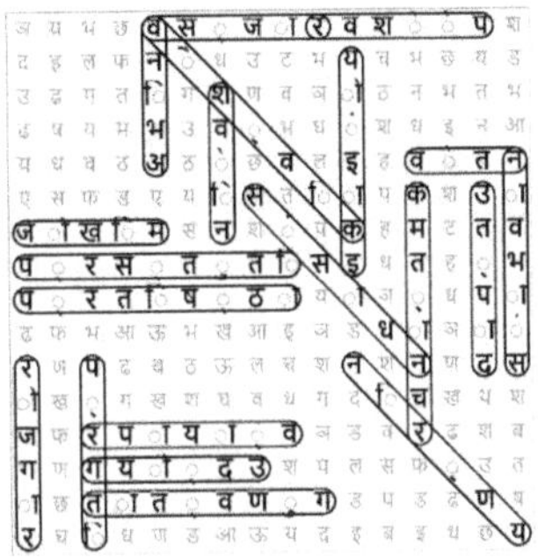

78 - Kräuterkunde

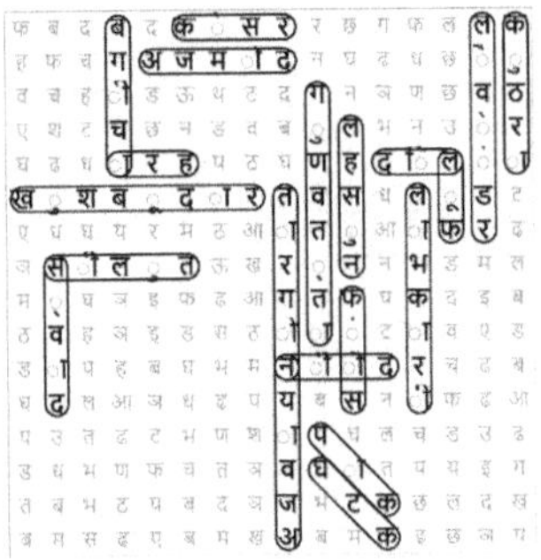

79 - Aktivitäten und Freizeit

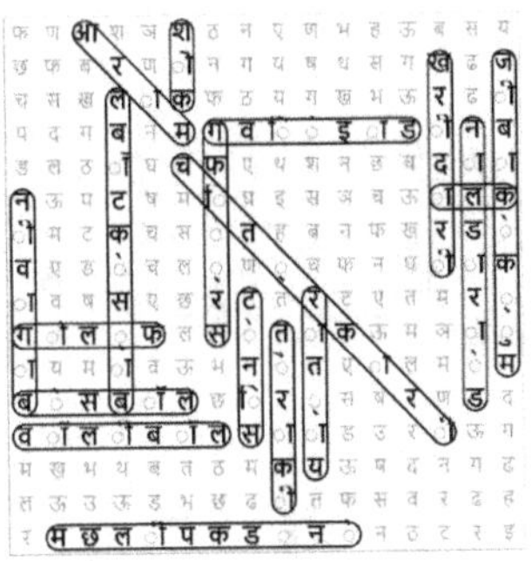

80 - Job Fähigkeiten

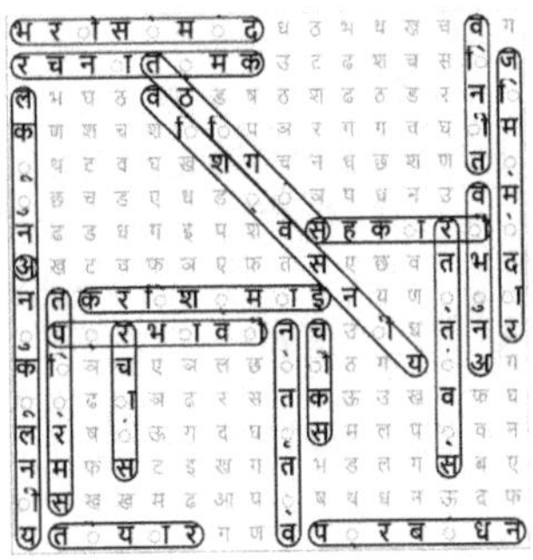

81 - Formen

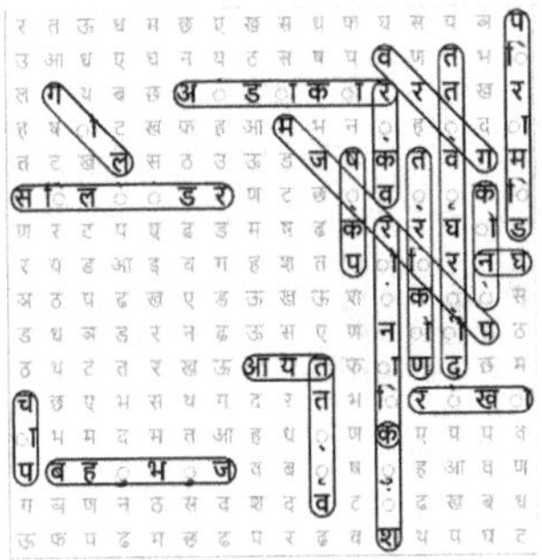

82 - Musik

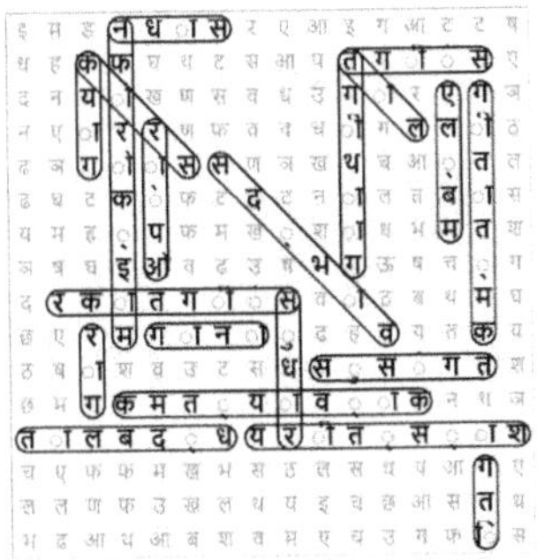

83 - Antiquitäten

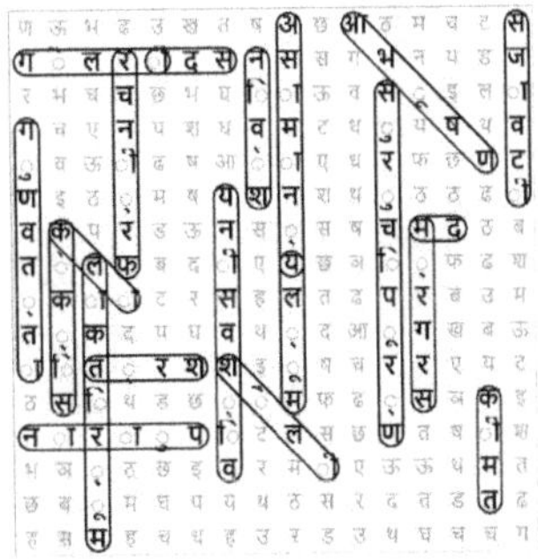

84 - Adjektive #2

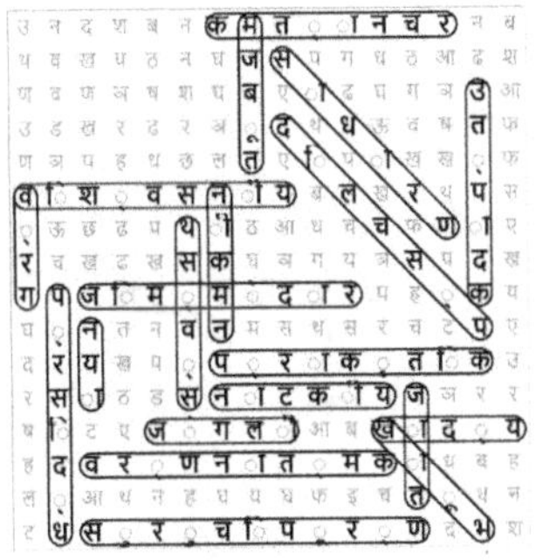

85 - Kleidung

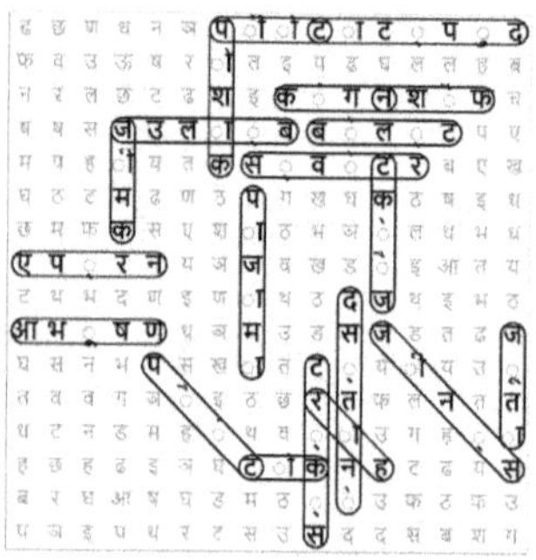

86 - Haus

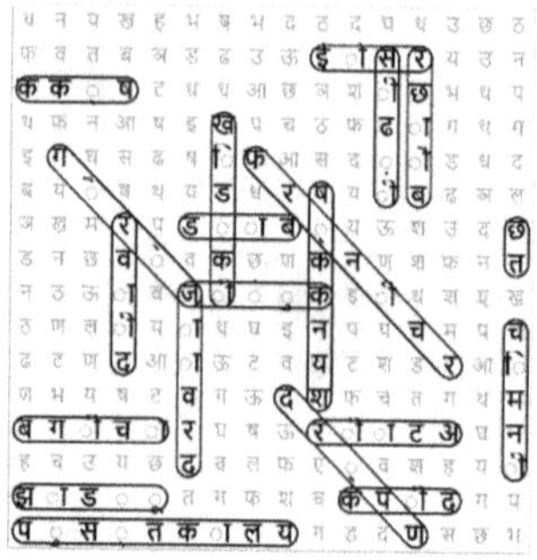

87 - Bauernhof #1

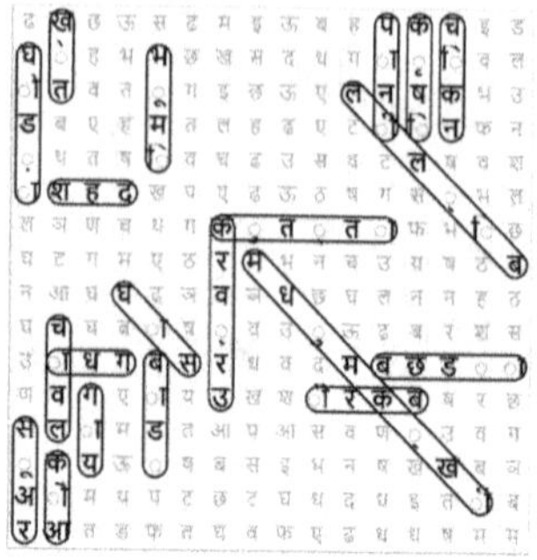

88 - Regierung

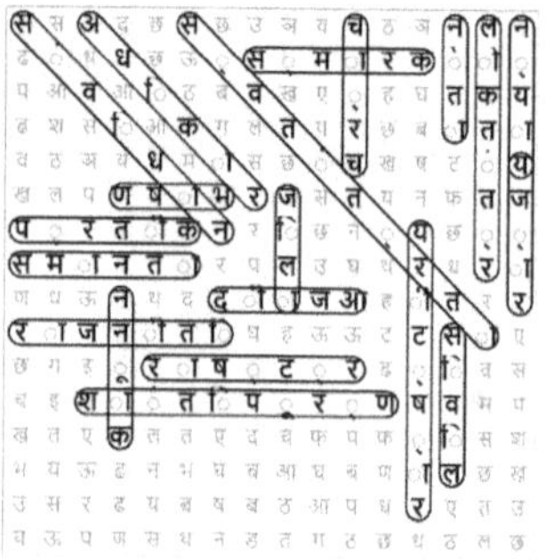

89 - Berufe #1

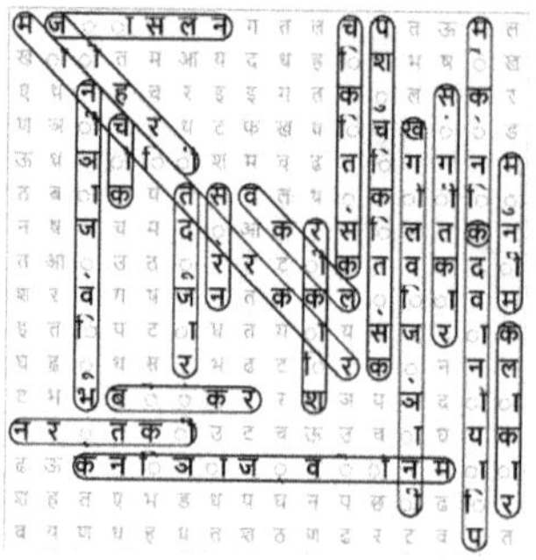

90 - Adjektive #1

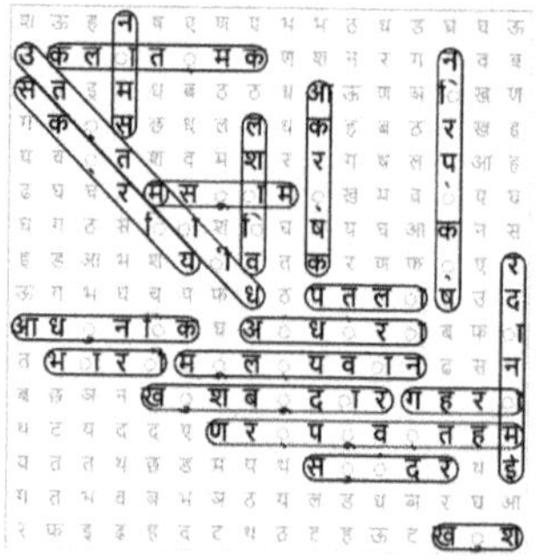

91 - Geometrie

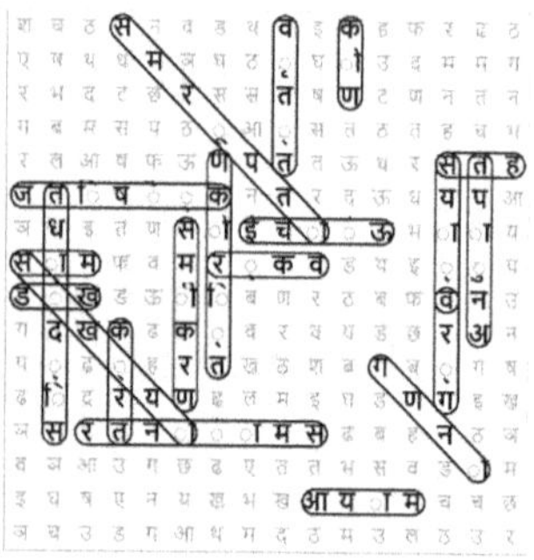

92 - Jazz

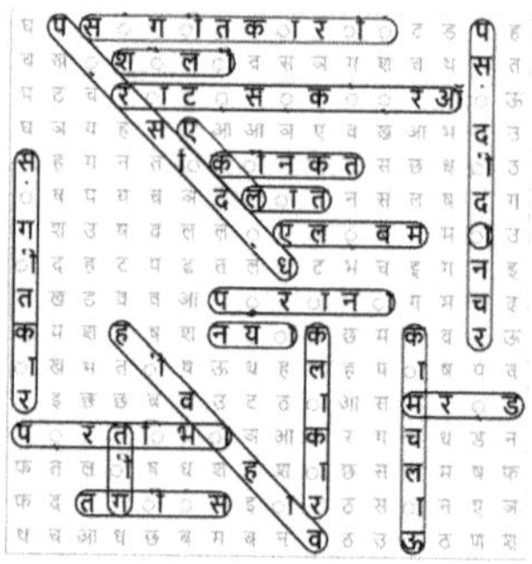

93 - Mathematik

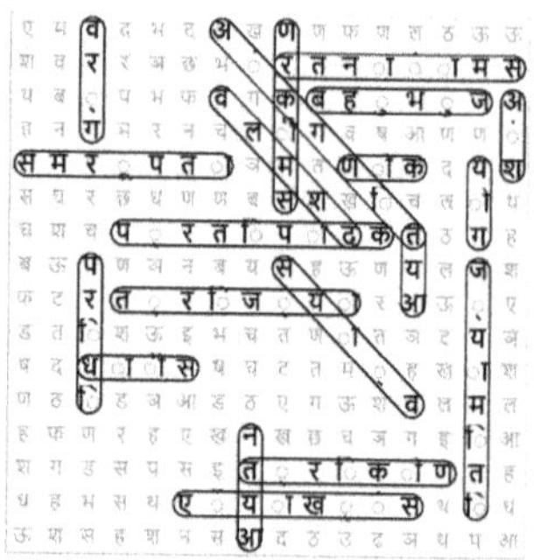

94 - Messungen

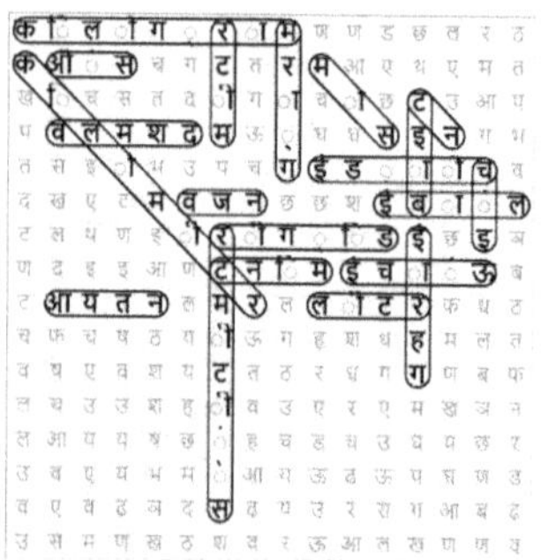

95 - Boxen

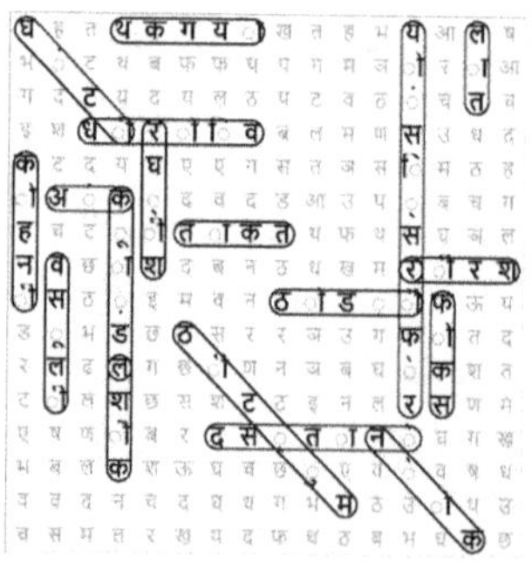

96 - Psychologie

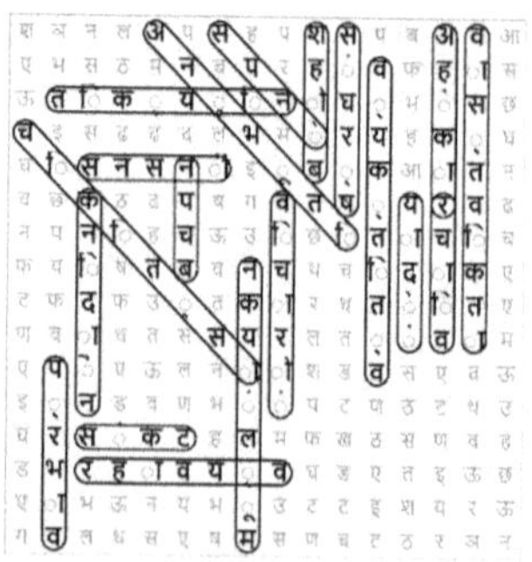

97 - Bauernhof #2

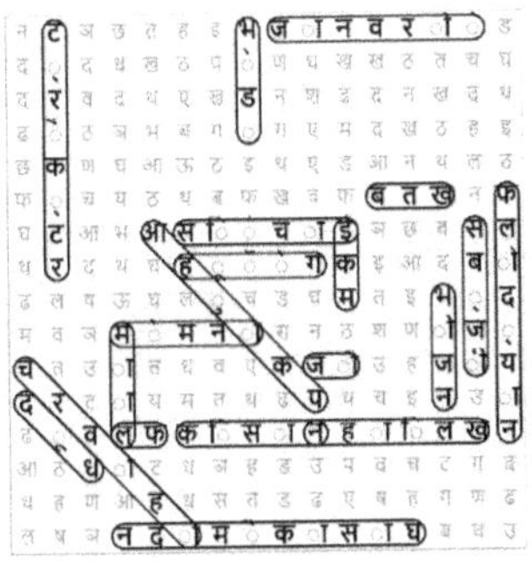

98 - Berufe #2

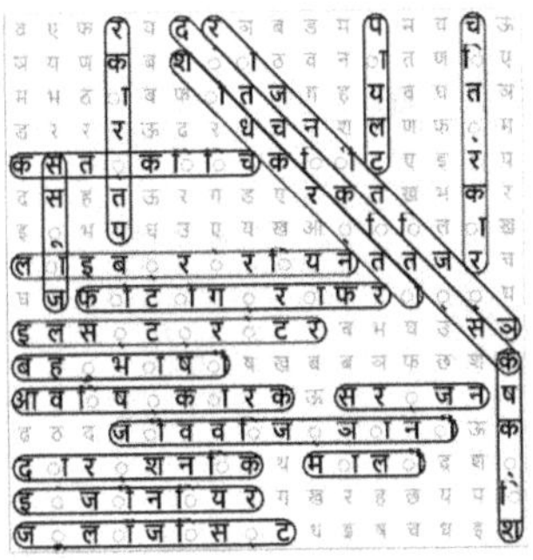

99 - Wetter

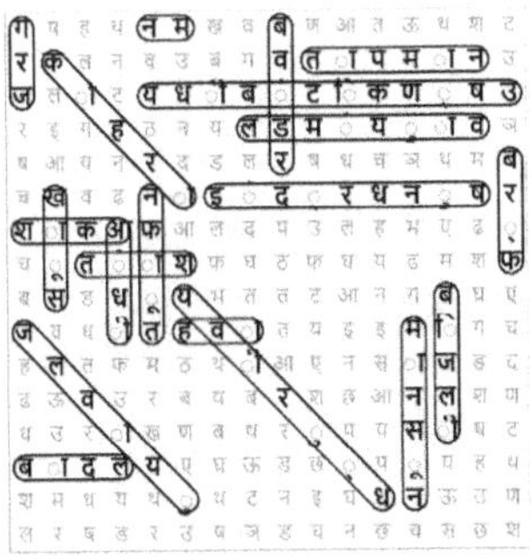

100 - Chemie

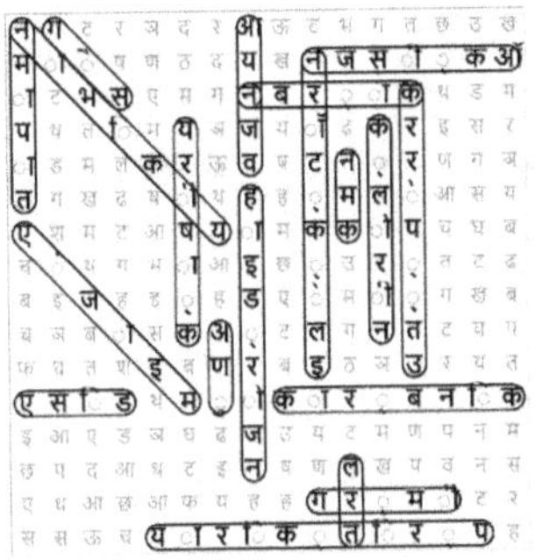

Wörterbuch

Abenteuer
साहसकि कार्य

Aktivität	गतविधि
Ausflug	भ्रमण
Begeisterung	उत्साह
Chance	मौका
Freude	हर्ष
Freunde	दोस्तों
Gefährlich	खतरनाक
Gelegenheit	अवसर
Natur	प्रकृति
Navigation	पथ प्रदर्शन
Neu	नया
Reisen	यात्रा
Schönheit	सुंदरता
Schwierigkeit	कठनिाई
Sicherheit	सुरक्षा
Tapferkeit	वीरता
Ungewöhnlich	असामान्य
Vorbereitung	तैयारी
Ziel	गंतव्य

Adjektive #1
वशिषण #1

Absolut	नरिपेक्ष
Aktiv	सक्रयि
Aromatisch	खुशबूदार
Attraktiv	आकर्षक
Dunkel	अंधेरा
Dünn	पतला
Ehrlich	ईमानदार
Glücklich	खुश
Identisch	समान
Künstlerisch	कलात्मक
Langsam	धीमा
Modern	आधुनकि
Perfekt	उत्तम
Riesig	वशिाल
Schön	सुंदर
Schwer	भारी
Tief	गहरा
Unschuldig	मासूम
Wertvoll	मूल्यवान
Wichtig	महत्वपूर्ण

Adjektive #2
वशिषण #2

Authentisch	वशि्वसनीय
Berühmt	प्रसद्धि
Beschreibend	वर्णनात्मक
Dramatisch	नाटकीय
Elegant	सुरुचपिूर्ण
Essbar	खाद्य
Frisch	ताजा
Gesund	स्वस्थ
Hungrig	भूखा
Interessant	दलिचस्प
Kreativ	रचनात्मक
Natürlich	प्राकृतकि
Neu	नया
Normal	साधारण
Produktiv	उत्पादक
Salzig	नमकीन
Stark	मजबूत
Stolz	गर्व
Verantwortlich	जमि्मेदार
Wild	जंगली

Agronomie
कृषविज्ञान

Dünger	उर्वरक
Energie	ऊर्जा
Erosion	कटाव
Forschung	अनुसंधान
Gemüse	सब्जयिां
Krankheit	रोगों
Landwirtschaft	कृष
Ländlich	ग्रामीण
Nachhaltig	टकिाऊ
Organisch	कार्बनकि
Ökologie	पारस्थितिकिी
Pflanzen	पौधे
Produktion	उत्पादन
Studie	अध्ययन
Systeme	सस्टिम
Umwelt	पर्यावरण
Verschmutzung	प्रदूषण
Wachstum	वकिास
Wasser	पानी
Wissenschaft	वज्ञिान

Aktivitäten
गतविधियिाँ

Aktivität	गतविधि
Angeln	मछली पकड़ने
Camping	डेरा डालना
Entspannung	वश्रिाम
Fähigkeit	कौशल
Fotografie	फोटोग्राफी
Freizeit	अवकाश
Gartenarbeit	बागवानी
Gemälde	चत्रिकारी
Interessen	हतिों
Jagd	शकिार करना
Kunst	कला
Kunsthandwerk	शल्पि
Lesen	पढ़ना
Magie	जादू
Nähen	सलिाई
Spiele	खेल
Stricken	बुनाई
Tanzen	नृत्य
Vergnügen	आनंद

Aktivitäten und Freizeit
गतविधियिाँ और अवकाश

Angeln	मछली पकड़ने
Baseball	बेसबॉल
Basketball	बास्केटबॉल
Boxen	मुक्केबाजी
Camping	डेरा डालना
Einkaufen	खरीदारी
Entspannend	आराम
Gartenarbeit	बागवानी
Gemälde	चत्रिकारी
Golf	गोल्फ
Hobbies	शौक
Kunst	कला
Reise	यात्रा
Schwimmen	तैराकी
Surfen	सर्फगि
Tauchen	डाइवगि
Tennis	टेनसि
Volleyball	वॉलीबॉल

Algebra
बीजगणति

Bruchteil	अंश
Diagramm	आरेख
Exponent	प्रतपिादक
Faktor	कारक
Falsch	झूठा
Formel	सूत्र
Gleichung	समीकरण
Graph	ग्राफ
Klammern	कोष्ठक
Linear	रेखीय
Lösung	समाधान
Matrix	मैट्रक्सि
Menge	मात्रा
Null	शून्य
Nummer	संख्या
Problem	संकट
Subtraktion	घटाव
Summe	योग
Unendlich	अनंत
Variable	चर

Angeln
फशिगि

Ausrüstung	उपकरण
Boot	नाव
Draht	तार
Flossen	पंख
Fluss	नदी
Geduld	धैर्य
Gewicht	वजन
Haken	हुक
Jahreszeit	ऋतु
Kiefer	जबड़ा
Kiemen	गलि्स
Kochen	रसोइया
Korb	टोकरी
Köder	चारा
Ozean	सागर
See	झील
Strand	समुद्र तट
Übertreibung	अतशियोक्ता
Waage	तराजू
Wasser	पानी

Antarktis
अंटार्कटकिा

Bucht	बे
Eis	बर्फ
Erhaltung	संरक्षण
Expedition	अभयिान
Felsig	पथरीला
Forscher	शोधकर्ता
Geographie	भूगोल
Gletscher	हमिनद
Halbinsel	प्रायद्वीप
Kontinent	महाद्वीप
Migration	प्रवास
Mineralien	खनजि
Temperatur	तापमान
Topographie	स्थलाकृत
Umwelt	पर्यावरण
Vögel	पक्षी
Wasser	पानी
Wetter	मौसम
Wind	हवाओं
Wissenschaftlich	वैज्ञानकि

Antiquitäten
प्राचीन वस्तुएँ

Alt	पुराना
Artikel	मद
Authentisch	वश्विसनीय
Dekorativ	सजावटी
Elegant	सुरुचपूिर्ण
Enthusiast	सरगर्म
Galerie	गैलरी
Investition	नविश
Jahrhundert	सदी
Kunst	कला
Möbel	फर्नीचर
Münzen	सक्किे
Preis	कीमत
Qualität	गुणवत्ता
Schmuck	आभूषण
Skulptur	मूर्तकिला
Stil	शैली
Ungewöhnlich	असामान्य
Wert	मूल्य
Zustand	शर्त

Archäologie
पुरातत्त्व

Analyse	वश्लिेषण
Antiquität	पुरातनता
Auswertung	मूल्यांकन
Ära	युग
Experte	वशिषज्ञ
Forscher	शोधकर्ता
Fossil	जीवाश्म
Geheimnis	रहस्य
Grab	मकबरे
Knochen	हड्डयिों
Mannschaft	टीम
Nachkomme	वंशज
Objekte	वस्तुओं
Relikt	अवशेष
Tempel	मंदरि
Unbekannt	अनजान
Uralt	प्राचीन
Vergessen	भुला दयिा
Zivilisation	सभ्यता

Astronomie
खगोल वद्यिा

Asteroid	क्षुद्रग्रह
Astronom	खगोल वज्ञिानी
Erde	पृथ्वी
Galaxie	आकाशगंगा
Himmel	आकाश
Konstellation	नक्षत्र
Kosmos	ब्रह्मांड
Meteor	उल्का
Mond	चाँद
Nebel	नहिारकिा
Observatorium	वेधशाला
Planet	ग्रह
Rakete	रॉकेट
Satellit	उपग्रह
Sonne	सूर्य
Stern	तारा
Supernova	सुपरनोवा
Teleskop	दूरबीन
Tierkreis	राशि
Universum	संसार

Ballett
बैले

Anmutig	सुंदर
Applaus	वाहवाही
Ausdrucksvoll	सूचक
Ballerina	बैले
Choreographie	नृत्यकला
Fähigkeit	कौशल
Geste	इशारा
Intensität	तीव्रता
Komponist	संगीतकार
Künstlerisch	कलात्मक
Musik	संगीत
Muskel	मांसपेशियीं
Orchester	ऑर्केस्ट्रा
Probe	रहिर्सल
Publikum	दर्शक
Rhythmus	ताल
Solo	एकल
Stil	शैली
Tänzer	नर्तकियीं
Technik	तकनीक

Barbecues
बारबेक्यू

Abendessen	रात का खाना
Familie	परविार
Freunde	दोस्तों
Frucht	फल
Gabeln	कांटे
Gemüse	सब्जयिां
Grill	ग्रलि
Heiss	गरम
Huhn	चकिन
Hunger	भूख
Kinder	बच्चे
Messer	चाकू
Mittagessen	दोपहर का भोजन
Musik	संगीत
Pfeffer	मर्चि
Salate	सलाद
Salz	नमक
Sommer	गर्मी
Sosse	चटनी
Spiele	खेल

Bauernhof #1
फार्म #1

Biene	मधुमक्खी
Dünger	उर्वरक
Esel	गधा
Feld	खेत
Heu	घास
Honig	शहद
Huhn	चकिन
Hund	कुत्ता
Kalb	बछड़ा
Katze	बल्लिी
Krähe	कौआ
Kuh	गाय
Land	भूमि
Landwirtschaft	कृषि
Pferd	घोड़ा
Reis	चावल
Schwein	सूअर
Wasser	पानी
Zaun	बाड़
Ziege	बकरी

Bauernhof #2
फार्म #2

Bauer	कसिान
Bewässerung	सचिाई
Ente	बतख
Essen	भोजन
Frucht	फल
Gemüse	सब्जी
Gerste	जौ
Lama	लामा
Lamm	मेमना
Mais	मकई
Milch	दूध
Obstgarten	फलोद्यान
Reif	पका हुआ
Schaf	भेड़
Schäfer	चरवाहा
Scheune	खलहिान
Tiere	जानवरों
Traktor	ट्रैक्टर
Weizen	गेहूँ
Wiese	घास का मैदान

Berufe #1
व्यवसाय #1

Arzt	चकित्सिक
Astronom	खगोल वज्ञिानी
Bankier	बैंकर
Botschafter	राजदूत
Buchhalter	मुनीम
Geologe	भूवज्ञिानी
Jäger	शकिारी
Juwelier	जौहरी
Kartograph	मानचत्रिकार
Klempner	नलसाज़
Krankenschwester	नर्स
Künstler	कलाकार
Mechaniker	मैकेनकि
Musiker	संगीतकार
Pianist	पयिानोवादक
Psychologe	मनोवैज्ञानकि
Rechtsanwalt	वकील
Tänzer	नर्तकी
Tierarzt	पशु चकित्सिक
Trainer	कोच

Berufe #2
व्यवसाय #2

Arzt	चकित्सिक
Bibliothekar	लाइब्रेरयिन
Biologe	जीववज्ञिानी
Chirurg	सर्जन
Detektiv	जासूस
Erfinder	आवष्किारक
Forscher	शोधकर्ता
Fotograf	फोटोग्राफर
Gärtner	माली
Illustrator	इलस्ट्रेटर
Ingenieur	इंजीनयिर
Journalist	पत्रकार
Lehrer	शक्षिक
Linguist	बहुभाषी
Maler	चत्रिकार
Philosoph	दार्शनकि
Pilot	पायलट
Politiker	राजनीतज्ञि
Zahnarzt	दंत चकित्सिक
Zoologe	जूलॉजस्टि

Bienen
मधुमक्खियों

Bestäuber	परागणक
Bienenkorb	छत्ता
Blumen	फूल
Blüte	खलिना
Essen	भोजन
Flügel	पंख
Frucht	फल
Garten	बगीचा
Honig	शहद
Insekt	कीट
Königin	रानी
Pflanzen	पौधे
Pollen	पराग
Rauch	धुआँ
Schwarm	झुंड
Sonne	सूर्य
Vielfalt	विविधिता
Vorteilhaft	लाभकारी
Wachs	मोम

Bildende Kunst
दृश्य कला

Architektur	वास्तुकला
Bleistift	पेंसलि
Film	फलि्म
Foto	तस्वीर
Gemälde	चति्रकारी
Kreativität	रचनात्मकता
Kreide	चाक
Künstler	कलाकार
Lack	वार्नशि
Meisterwerk	कृति
Perspektive	परपि्रेक्ष्य
Porträt	चति्र
Schablone	स्टैंसलि
Skulptur	मूर्तकिला
Staffelei	चति्रफलक
Stift	कलम
Ton	मट्टिी
Wachs	मोम
Zusammensetzung	रचना

Biologie
जीववज्ञि‍ान

Anatomie	शरीर रचना
Chromosom	गुणसूत्र
Embryo	भ्रूण
Enzym	एंजाइम
Erreger	रोगजनक
Evolution	वकिास
Hormon	हार्मोन
Kollagen	कोलेजन
Mutation	उत्परविर्तन
Natürlich	प्राकृतकि
Nerv	नस
Neuron	न्यूरॉन
Osmose	असमस
Pflanzen	पौधे
Protein	प्रोटीन
Reptil	सरीसृप
Säugetier	स्तनपायी
Symbiose	सम्बिायोससि
Synapse	अन्तर्ग्रथन
Zelle	सेल

Boote
नौकाएँ

Anker	लंगर
Boje	बोया
Crew	क्रू
Dock	गोदी
Floss	बेड़ा
Fluss	नदी
Kajak	कश्ती
Kanu	डोंगी
Mast	मस्तूल
Meer	समुद्र
Motor	इंजन
Nautisch	समुद्री
Ozean	सागर
See	झील
Seemann	नावकि
Segelboot	सेलबोट
Seil	रस्सी
Tide	ज्वार
Wellen	लहरें
Yacht	नौका

Boxen
मुक्केबाज़ी

Ecke	कोने
Ellbogen	कोहनी
Erschöpft	थक गया
Faust	मुट्ठी
Fähigkeit	कौशल
Fokus	फोकस
Gegner	वरिोधी
Glocke	घंटी
Handschuhe	दस्ताने
Kämpfer	लड़ाकू
Kick	लात
Kinn	ठोड़ी
Körper	शरीर
Punkte	अंक
Recovery	वसूली
Schiedsrichter	रेफरी
Schnell	शीघ्र
Seile	रस्सयिों
Stärke	ताकत

Bücher
पुस्तकें

Abenteuer	साहसकि
Autor	लेखक
Dualität	द्वंद्व
Episch	महाकाव्य
Erfinderisch	आवष्किारशील
Erzähler	कथावाचक
Gedicht	कवतिा
Geschichte	कहानी
Geschrieben	लखिति
Historisch	ऐतहिासकि
Humorvoll	वनिोदी
Kollektion	संग्रह
Kontext	संदर्भ
Leser	पाठक
Literarisch	साहत्यिकि
Relevant	प्रासंगकि
Roman	उपन्यास
Seite	पृष्ठ
Serie	शृंखला
Tragisch	दुखद

Camping
कैम्पगि

Abenteuer	साहसकि
Berg	पहाड़
Feuer	आग
Hängematte	झूला
Hut	टोपी
Insekt	कीट
Jagd	शकिार करना
Kabine	केबनि
Kanu	डोंगी
Karte	नक्शा
Kompass	दक्सिूचक
Laterne	लालटेन
Mond	चाँद
Natur	प्रकृत
See	झील
Seil	रस्सी
Spass	मज़ा
Tiere	जानवरों
Wald	वन
Zelt	तंबू

Chemie
रसायन वज्ञान

Alkalisch	क्षारीय
Chlor	क्लोरीन
Elektron	इलेक्ट्रॉन
Enzym	एंजाइम
Flüssigkeit	तरल
Gas	गैस
Gewicht	वजन
Hitze	गर्मी
Ion	आयन
Katalysator	उत्प्रेरक
Kohlenstoff	कार्बन
Molekül	अणु
Nuklear	नाभकीय
Organisch	कार्बनकि
Reaktion	प्रतक्रियिा
Salz	नमक
Sauerstoff	ऑक्सीजन
Säure	एसडि
Temperatur	तापमान
Wasserstoff	हाइड्रोजन

Das Unternehmen
द कम्पनी

Beschäftigung	रोजगार
Einheiten	इकाइयों
Einnahmen	राजस्व
Entscheidung	नरि्णय
Fortschritt	प्रगत
Geschäft	व्यापार
Global	वैश्वकि
Industrie	उद्योग
Innovativ	अभनिव
Investition	नविश
Kreativ	रचनात्मक
Löhne	वेतन
Möglichkeit	संभावना
Präsentation	प्रस्तुत
Produkt	उत्पाद
Professionell	पेशेवर
Qualität	गुणवत्ता
Ressourcen	संसाधन
Risiken	जोखमि
Ruf	प्रतष्ठिा

Diplomatie
कूटनीत

Ausländisch	वदिश
Berater	सलाहकार
Botschaft	दूतावास
Botschafter	राजदूत
Bürger	नागरकिों
Diplomatisch	राजनयकि
Diskussion	चर्चा
Ethik	नीत
Gemeinschaft	समुदाय
Gerechtigkeit	न्याय
Humanitär	मानवीय
Integrität	अखंडता
Konflikt	संघर्ष
Lösung	समाधान
Politik	राजनीत
Regierung	सरकार
Sicherheit	सुरक्षा
Sprachen	भाषाओं
Vertrag	संधि
Zusammenarbeit	सहयोग

Elektrizität
बजिली

Ausrüstung	उपकरण
Batterie	बैटरी
Drähte	तारों
Elektriker	बजिली कारीगर
Elektrisch	बजिली
Fernsehen	टेलीवजिन
Generator	जनक
Kabel	केबल
Lagerung	भंडारण
Lampe	दीपक
Laser	लेजर
Magnet	चुंबक
Menge	मात्रा
Negativ	नकारात्मक
Netzwerk	नेटवर्क
Objekte	वस्तुओं
Positiv	सकारात्मक
Steckdose	सॉकेट
Telefon	टेलीफोन

Energie
ऊर्जा

Batterie	बैटरी
Benzin	गैसोलीन
Brennstoff	ईंधन
Diesel	डीजल
Elektrisch	बजिली
Elektron	इलेक्ट्रॉन
Entropie	उत्क्रम-माप
Erneuerbar	अक्षय
Hitze	गर्मी
Industrie	उद्योग
Kohlenstoff	कार्बन
Motor	मोटर
Nuklear	नाभकीय
Photon	फोटोन
Sonne	सूर्य
Turbine	टरबाइन
Umwelt	पर्यावरण
Verschmutzung	प्रदूषण
Wasserstoff	हाइड्रोजन
Wind	हवा

Ernährung
पोषाहार

Appetit	भूख
Ausgewogen	संतुलति
Bitter	कड़वा
Diät	आहार
Essbar	खाद्य
Fermentation	कण्विन
Geschmack	स्वाद
Gesund	स्वस्थ
Gesundheit	स्वास्थ्य
Getreide	अनाज
Gewicht	वजन
Kalorien	कैलोरी
Nährstoff	पुष्टकिर
Portion	हस्सि
Proteine	प्रोटीन
Qualität	गुणवत्ता
Sosse	चटनी
Toxin	वषि
Verdauung	पाचन
Vitamin	वटिामनि

Essen #1
खाना #1

Basilikum	तुलसी
Birne	नाशपाती
Erdbeere	स्ट्रॉबेरी
Erdnuss	मूंगफली
Fleisch	मांस
Kaffee	कॉफ़ी
Karotte	गाजर
Knoblauch	लहसुन
Milch	दूध
Rübe	शलजम
Saft	रस
Salat	सलाद
Salz	नमक
Spinat	पालक
Suppe	सूप
Thunfisch	टूना
Zimt	दालचीनी
Zitrone	नींबू
Zucker	चीनी
Zwiebel	प्याज

Essen #2
खाना #2

Apfel	सेब
Artischocke	हाथी चक
Aubergine	बैंगन
Banane	केला
Brokkoli	ब्रोकोली
Brot	रोटी
Ei	अंडा
Fisch	मछली
Joghurt	दही
Käse	पनीर
Kirsche	चेरी
Mandel	बादाम
Pilz	मशरूम
Reis	चावल
Schinken	हैम
Schokolade	चॉकलेट
Sellerie	अजवाइन
Spargel	शतावरी
Tomate	टमाटर
Weizen	गेहूँ

Ethik
आचार

Altruismus	परोपकारति
Diplomatisch	राजनयकि
Ehrlichkeit	ईमानदारी
Freundlichkeit	दयालुता
Geduld	धैर्य
Individualismus	व्यक्तविाद
Integrität	अखंडता
Menschheit	मानवता
Mitgefühl	दया
Optimismus	आशावाद
Philosophie	दर्शन
Rationalität	चेतना
Realismus	यथार्थवाद
Respektvoll	वनिीत
Toleranz	सहनशीलता
Vernünftig	उचति
Weisheit	बुद्धि
Werte	मान
Würde	गौरव
Zusammenarbeit	सहयोग

Fahren
ड्राइवगि

Auto	कार
Bremsen	ब्रेक
Brennstoff	ईंधन
Bus	बस
Garage	गैरेज
Gas	गैस
Gefahr	खतरा
Geschwindigkeit	गति
Karte	नक्शा
Lizenz	लाइसेंस
Lkw	ट्रक
Motor	मोटर
Motorrad	मोटरसाइकलि
Polizei	पुलसि
Sicherheit	सुरक्षा
Transport	परविहन
Tunnel	सुरंग
Unfall	दुर्घटना
Verkehr	यातायात
Vorsicht	सावधानी

Fahrzeuge
वाहन

Auto	कार
Boot	नाव
Bus	बस
Fahrrad	साइकलि
Fähre	नौका
Floss	बेड़ा
Flugzeug	वमिान
Hubschrauber	हेलीकॉप्टर
Krankenwagen	रोगी वाहन
Lkw	ट्रक
Motor	मोटर
Rakete	रॉकेट
Reifen	टायर
Roller	स्कूटर
Taxi	टैक्सी
Traktor	ट्रैक्टर
U-Bahn	भूमगित मार्ग
U-Boot	पनडुब्बी
Wohnwagen	कारवां
Zug	ट्रेन

Familie
परिवार

Bruder	भाई
Ehefrau	बीवी
Ehemann	पति
Enkel	पोता
Grossmutter	दादी
Grossvater	दादा
Kind	बच्चा
Kindheit	बचपन
Mutter	मां
Mütterlich	मातृ
Neffe	भतीजा
Nichte	भतीजी
Onkel	चाचा
Schwester	बहन
Tante	चाची
Tochter	बेटी
Vater	पिता
Väterlich	पैतृक
Vetter	चचेरा भाई
Vorfahr	पूर्वज

Flugzeuge
हवाई जहाज

Abenteuer	साहसिक
Abstieg	वंश
Atmosphäre	वायुमंडल
Ballon	गुब्बारा
Brennstoff	ईंधन
Crew	क्रू
Design	डिजाइन
Geschichte	इतिहास
Himmel	आकाश
Höhe	ऊंचाई
Konstruktion	निर्माण
Luft	वायु
Motor	इंजन
Navigieren	नेविगेट
Passagier	यात्री
Pilot	पायलट
Richtung	दिशा
Turbulenz	अशांति
Wasserstoff	हाइड्रोजन
Wetter	मौसम

Formen
आकृतियाँ

Bogen	चाप
Dreieck	त्रिकोण
Ecke	कोने
Ellipse	दीर्घवृत्त
Kanten	किनारों
Kegel	शंकु
Kreis	वृत्त
Kurve	वक्र
Linie	रेखा
Oval	अंडाकार
Polygon	बहुभुज
Prisma	प्रिज्म
Pyramide	पिरामिड
Quadrat	वर्ग
Rechteck	आयत
Rund	गोल
Seite	पक्ष
Würfel	घन
Zylinder	सिलिंडर

Garten
बगीचा

Bank	बेंच
Baum	पेड़
Blume	फूल
Busch	बुश
Garage	गैरेज
Garten	बगीचा
Gras	घास
Hängematte	झूला
Obstgarten	फलोद्यान
Rasen	लॉन
Rechen	रेक
Schaufel	फावड़ा
Schlauch	नली
Teich	तालाब
Terrasse	छत
Trampolin	ट्रेम्पोलिन
Unkraut	मातम
Veranda	बरामदा
Zaun	बाड़

Gebäude
इमारतें

Bauernhof	खेत
Botschaft	दूतावास
Fabrik	फैक्टरी
Garage	गैरेज
Herberge	छात्रावास
Hotel	होटल
Kabine	केबिन
Kino	सिनेमा
Krankenhaus	अस्पताल
Labor	प्रयोगशाला
Museum	संग्रहालय
Observatorium	वेधशाला
Scheune	खलिहान
Schule	स्कूल
Stadion	स्टेडियम
Supermarkt	सुपरमार्केट
Theater	थिएटर
Turm	मीनार
Universität	विश्वविद्यालय
Zelt	तंबू

Gemüse
सब्जियां

Artischocke	हाथी चक
Aubergine	बैंगन
Blumenkohl	फूलगोभी
Brokkoli	ब्रोकोली
Erbse	मटर
Gurke	खीरा
Ingwer	अदरक
Karotte	गाजर
Kartoffel	आलू
Knoblauch	लहसुन
Kürbis	कद्दू
Olive	जैतून
Petersilie	अजमोद
Pilz	मशरूम
Rübe	शलजम
Salat	सलाद
Sellerie	अजवाइन
Spinat	पालक
Tomate	टमाटर
Zwiebel	प्याज

Geographie
भूगोल

Atlas	एटलस
Äquator	भूमध्य रेखा
Berg	पहाड़
Breite	अक्षांश
Fluss	नदी
Hemisphäre	गोलार्ध
Höhe	ऊंचाई
Insel	द्वीप
Karte	नक्शा
Kontinent	महाद्वीप
Land	देश
Längengrad	देशान्तर
Meer	समुद्र
Meridian	मध्याह्न
Norden	उत्तर
Ozean	सागर
Region	क्षेत्र
Stadt	शहर
Welt	दुनिया
West	पश्चिम

Geologie
भूविज्ञान

Erdbeben	भूकंप
Erosion	कटाव
Fossil	जीवाश्म
Geschmolzen	पिघला हुआ
Höhle	गुफा
Kalzium	कैल्शियम
Kontinent	महाद्वीप
Koralle	मूंगा
Kristalle	क्रिस्टल
Lava	लावा
Mineralien	खनिज
Plateau	पठार
Quarz	क्वार्ट्ज
Salz	नमक
Säure	एसिड
Stalaktit	स्टैलेक्टाइट
Stein	पत्थर
Vulkan	ज्वालामुखी
Zone	क्षेत्र
Zyklen	चक्र

Geometrie
ज्यामिति

Anteil	अनुपात
Berechnung	गणना
Dimension	आयाम
Dreieck	त्रिकोण
Durchmesser	व्यास
Gleichung	समीकरण
Horizontal	क्षैतिज
Höhe	ऊंचाई
Kreis	वृत्त
Kurve	वक्र
Logik	तर्क
Masse	मास
Nummer	संख्या
Oberfläche	सतह
Parallel	समानांतर
Quadrat	वर्ग
Segment	खंड
Symmetrie	समरूपता
Theorie	सिद्धांत
Winkel	कोण

Geschäft
व्यापार

Arbeitgeber	नियोक्ता
Budget	बजट
Büro	कार्यालय
Einkommen	आय
Fabrik	फैक्टरी
Geld	पैसा
Geschäft	दुकान
Gewinn	लाभ
Investition	निवेश
Karriere	कैरियर
Kosten	लागत
Manager	मैनेजर
Mitarbeiter	कर्मचारी
Rabatt	छूट
Steuern	करों
Transaktion	लेन-देन
Verkauf	बिक्री
Ware	माल
Währung	मुद्रा
Wirtschaft	अर्थशास्त्र

Gesundheit und Wellness #1
स्वास्थ्य और कल्याण #1

Aktiv	सक्रिय
Apotheke	फार्मेसी
Arzt	चिकित्सक
Bakterien	बैक्टीरिया
Behandlung	उपचार
Entspannung	विश्राम
Fraktur	भंग
Gewohnheit	आदत
Haut	त्वचा
Hormone	हार्मोन
Höhe	ऊंचाई
Hunger	भूख
Klinik	क्लिनिक
Knochen	हड्डियों
Medizin	दवा
Nerven	नसों
Reflex	पलटा
Therapie	चिकित्सा
Verletzung	चोट
Virus	वाइरस

Gesundheit und Wellness #2
स्वास्थ्य और कल्याण #2

Allergie	एलर्जी
Anatomie	शरीर रचना
Appetit	भूख
Blut	रक्त
Diät	आहार
Energie	ऊर्जा
Genetik	आनुवंशिकी
Gesund	स्वस्थ
Gewicht	वजन
Hygiene	स्वच्छता
Infektion	संक्रमण
Kalorie	कैलोरी
Krankenhaus	अस्पताल
Krankheit	रोग
Massage	मालिश
Risiken	जोखिम
Schlafen	नींद
Sport	खेल
Stress	तनाव
Vitamin	विटामिन

Gewürze
मसाले

Bitter	कड़वा
Curry	करी
Fenchel	सौंफ
Geschmack	स्वाद
Ingwer	अदरक
Kardamom	इलायची
Knoblauch	लहसुन
Koriander	धनयिा
Kreuzkümmel	जीरा
Lakritze	नद्यपान
Muskatnuss	जायफल
Nelke	लौंग
Pfeffer	मरि्च
Safran	केसर
Salz	नमक
Sauer	खट्टा
Süss	मठिाई
Vanille	वनीला
Zimt	दालचीनी
Zwiebel	प्याज

Globale Erwärmung
ग्लोबल वॉर्मगि

Arktis	आर्कटकि
Aufmerksamkeit	ध्यान
Bevölkerung	आबादी
Daten	डेटा
Energie	ऊर्जा
Entwicklung	वकिास
Gas	गैस
Generationen	पीढ़यिों
Gesetzgebung	वधिान
Industrie	उद्योग
Jetzt	अब
Klima	जलवायु
Krise	संकट
Lebensraum	नविास
Regierung	सरकार
Temperaturen	तापमान
Umwelt	पर्यावरण
Wissenschaftler	वैज्ञानकि
Zukunft	भवषि्य

Haartypen
बालों के प्रकार

Blond	गोरा
Braun	भूरा
Dick	मोटा
Dünn	पतला
Farbig	रंगीन
Geflochten	लट
Gesund	स्वस्थ
Glänzend	चमकदार
Grau	धूसर
Kahl	गंजा
Kurz	कम
Lang	लंबा
Locken	कर्ल
Lockig	घुंघराले
Schwarz	काला
Silber	चाँदी
Trocken	सूखा
Weich	नरम
Weiss	सफेद
Wellig	लहराती

Haus
हाउस

Besen	झाड़ू
Bibliothek	पुस्तकालय
Dach	छत
Dachboden	अटारी
Dusche	बौछार
Fenster	खड़िकी
Garage	गैरेज
Garten	बगीचा
Kamin	चमिनी
Küche	रसोई
Lampe	दीपक
Möbel	फर्नीचर
Schlafzimmer	शयनकक्ष
Schlüssel	कुंजी
Spiegel	दर्पण
Treppe	सीढ़ी
Tür	दरवाजा
Wand	दीवार
Zaun	बाड़
Zimmer	कक्ष

Ingenieurwesen
अभयिांत्रकिी

Achse	अक्ष
Antrieb	प्रणोदन
Berechnung	गणना
Diagramm	आरेख
Diesel	डीजल
Durchmesser	व्यास
Energie	ऊर्जा
Flüssigkeit	तरल
Getriebe	गयिर्स
Hebel	लीवर
Konstruktion	नरि्माण
Maschine	मशीन
Messung	माप
Motor	मोटर
Stabilität	स्थरिता
Stärke	ताकत
Struktur	संरचना
Tiefe	गहराई
Verteilung	वतिरण
Winkel	कोण

Jazz
जैज़

Album	एल्बम
Alt	पुराना
Applaus	वाहवाही
Berühmt	प्रसद्धि
Favoriten	पसंदीदा
Improvisation	कामचलाऊ
Komponist	संगीतकार
Künstler	कलाकार
Lied	गीत
Musik	संगीत
Musiker	संगीतकारों
Neu	नया
Orchester	ऑर्केस्ट्रा
Rhythmus	ताल
Schlagzeug	ड्रम
Solo	एकल
Stil	शैली
Talent	प्रतभिा
Technik	तकनीक
Zusammensetzung	रचना

Job-Fähigkeiten
नौकरी कौशल

Anpassungsfähig	अनुकूलनीय
Aufmerksam	चौकस
Authentisch	वशि्वसनीय
Bereit	तैयार
Charismatisch	करशि्माई
Erfahren	अनुभवी
Freundlich	अनुकूल
Führung	नेतृत्व
Gewidmet	समर्पति
Kommunikation	संचार
Kooperativ	सहकारी
Kreativ	रचनात्मक
Management	प्रबंधन
Organisiert	संगठति
Respektvoll	वनिीत
Unabhängig	स्वतंत्र
Verantwortlich	जम्मिदार
Wirksam	प्रभावी
Zuverlässig	भरोसेमंद

Kaffee
कॉफ़ी

Aroma	सुगंध
Bitter	कड़वा
Creme	मलाई
Filter	छानना
Flüssigkeit	तरल
Geröstet	भुना हुआ
Geschmack	स्वाद
Getränk	पेय
Koffein	कैफीन
Mahlen	पीस
Milch	दूध
Morgen	सुबह
Preis	कीमत
Sauer	अम्लीय
Schwarz	काला
Tasse	कप
Ursprung	मूल
Vielfalt	ववििधिता
Wasser	पानी
Zucker	चीनी

Kleidung
कपडे

Armband	कंगन
Bluse	ब्लाउज
Gürtel	बेल्ट
Halskette	हार
Handschuhe	दस्ताने
Hemd	कमीज
Hose	पैंट
Hut	टोपी
Jacke	जैकेट
Jeans	जीन्स
Kleid	पोशाक
Mantel	कोट
Mode	फैशन
Pullover	स्वेटर
Rock	स्कर्ट
Schal	दुपट्टा
Schlafanzug	पाजामा
Schmuck	आभूषण
Schuh	जूता
Schürze	एप्रन

Krankheit
रोग

Abdominal	पेट
Akut	तीव्र
Allergien	एलर्जी
Ansteckend	संक्रामक
Atemwege	श्वसन
Chronisch	पुरानी
Entzündung	सूजन
Erblich	वंशानुगत
Genetisch	आनुवंशकि
Gesundheit	स्वास्थ्य
Herz	दलि
Knochen	हड्डयिँ
Körper	शरीर
Neuropathie	न्युरोपटी
Schwach	कमजोर
Sinus	साइनस
Syndrom	सड्रिोम
Therapie	चकित्सिा
Wellness	कल्याण

Kräuterkunde
हर्बलज़्मि

Aromatisch	खुशबूदार
Basilikum	तुलसी
Blume	फूल
Dill	दलि
Estragon	तारगोन
Fenchel	सौंफ
Garten	बगीचा
Geschmack	स्वाद
Grün	हरा
Knoblauch	लहसुन
Kulinarisch	पाक
Lavendel	लैवेंडर
Majoran	कुठरा
Petersilie	अजमोद
Qualität	गुणवत्ता
Rosmarin	दौनी
Safran	केसर
Thymian	अजवायन
Vorteilhaft	लाभकारी
Zutat	घटक

Kreativität
क्रएिटविटिी

Ausdruck	अभव्यिक्ति
Authentizität	प्रामाणकिता
Bild	छवि
Dramatisch	नाटकीय
Eindruck	छाप
Erfinderisch	आवषि्कारशील
Fähigkeit	कौशल
Flüssigkeit	तरलता
Gefühle	भावनाओं
Ideen	वचिारों
Inspiration	प्रेरणा
Intensität	तीव्रता
Intuition	सहज बोध
Klarheit	स्पष्टता
Künstlerisch	कलात्मक
Phantasie	कल्पना
Sensation	सनसनी
Spontan	सहज
Visionen	दर्शन
Vitalität	जीवन शक्ति

Kunst
कला

Ausdruck	अभव्यिक्ति
Ehrlich	ईमानदार
Einfach	सरल
Gegenstand	वषिय
Inspiriert	प्रेरति
Keramik	सरिमकि
Komplex	जटलि
Original	मूल
Persönlich	व्यक्तगित
Poesie	कवतिा
Porträtieren	चत्रिति
Schaffen	बनाना
Skulptur	मूर्तकिला
Stimmung	मनोदशा
Surrealismus	अतयिथार्थवाद
Symbol	प्रतीक
Visuell	दृश्य
Zusammensetzung	रचना

Küche
कचिन

Essen	भोजन
Essstäbchen	चीनी काँटा
Gabeln	कांटे
Gefrierschrank	फ्रीजर
Gewürze	मसाले
Grill	ग्रलि
Kelle	करछुल
Krug	जग
Kühlschrank	फ्रजि
Löffel	चम्मच
Messer	चाकू
Ofen	ओवन
Rezept	वधिि
Schürze	एप्रन
Schüssel	कटोरा
Schwamm	स्पंज
Serviette	नैपकनि
Tassen	कप
Wasserkocher	केतली

Landschaften
लैंडस्केप

Berg	पहाड़
Eisberg	हमिखंड
Fluss	नदी
Gletscher	ग्लेशयिर
Golf	खाड़ी
Halbinsel	प्रायद्वीप
Höhle	गुफा
Hügel	पहाड़ी
Insel	द्वीप
Lagune	लैगून
Meer	समुद्र
Oase	मरूद्यान
See	झील
Strand	समुद्र तट
Sumpf	दलदल
Tal	घाटी
Tundra	टुंड्रा
Vulkan	ज्वालामुखी
Wasserfall	झरना
Wüste	रेगस्तिान

Länder #1
देशों #1

Ägypten	मस्रि
Brasilien	ब्राज़ील
Deutschland	जर्मनी
Finnland	फनिलैंड
Indien	भारत
Irak	इराक
Israel	इजराइल
Italien	इटली
Kambodscha	कंबोडयिा
Kanada	कनाडा
Lettland	लातवयिा
Mali	माली
Nicaragua	नकिारागुआ
Norwegen	नॉर्वे
Polen	पोलैंड
Rumänien	रोमानयिा
Senegal	सेनेगल
Spanien	स्पेन
Venezuela	वेनेज़ुएला
Vietnam	वयितनाम

Länder #2
देशों #2

Albanien	अल्बानयिा
Äthiopien	इथयिोपयिा
Frankreich	फ्रांस
Griechenland	यूनान
Haiti	हैती
Irland	आयरलैंड
Jamaika	जमैका
Japan	जापान
Kenia	केन्या
Laos	लाओस
Liberia	लाइबेरयिा
Mexiko	मेक्सकिो
Nepal	नेपाल
Nigeria	नाइजीरयिा
Pakistan	पाकस्तिान
Russland	रूस
Sudan	सूडान
Syrien	सीरयिा
Uganda	युगांडा
Ukraine	यूक्रेन

Literatur
साहत्यि

Analogie	समानता
Analyse	वश्लिेषण
Anekdote	कस्सिा
Autor	लेखक
Beschreibung	वविरण
Biographie	जीवनी
Dialog	संवाद
Erzähler	कथावाचक
Fiktion	कथा
Gedicht	कवतिा
Metapher	रूपक
Poetisch	काव्यात्मक
Reim	तुक
Rhythmus	ताल
Roman	उपन्यास
Schlussfolgerung	नष्किर्ष
Stil	शैली
Thema	वषिय
Tragödie	त्रासदी
Vergleich	तुलना

Mathematik
गणित

Arithmetik	अंकगणित
Bruchteil	अंश
Dezimal	दशमलव
Dreieck	त्रिकोण
Durchmesser	व्यास
Exponent	प्रतिपादक
Geometrie	ज्यामिति
Gleichung	समीकरण
Parallel	समानांतर
Polygon	बहुभुज
Quadrat	वर्ग
Radius	त्रिज्या
Rechteck	आयत
Senkrecht	सीधा
Summe	योग
Symmetrie	समरूपता
Umfang	परिधि
Volumen	आयतन
Winkel	कोण
Zahlen	संख्याएँ

Meditation
ध्यान

Annahme	स्वीकृति
Atmung	श्वास
Aufmerksamkeit	ध्यान
Bewegung	गति
Dankbarkeit	कृतज्ञता
Freundlichkeit	दयालुता
Frieden	शांति
Gedanken	विचार
Geistig	मानसिक
Glück	खुश
Haltung	आसन
Klarheit	स्पष्टता
Mitgefühl	दया
Musik	संगीत
Natur	प्रकृति
Perspektive	परिप्रेक्ष्य
Ruhig	शांत
Stille	मौन
Verstand	मन
Wach	जाग

Menschlicher Körper
मानव शरीर

Bein	टांग
Blut	रक्त
Ellbogen	कोहनी
Finger	उंगली
Gehirn	दिमाग
Gesicht	चेहरा
Hals	गर्दन
Hand	हाथ
Haut	त्वचा
Herz	दिल
Kiefer	जबड़ा
Kinn	ठोड़ी
Knie	घुटना
Knöchel	टखने
Kopf	सिर
Mund	मुँह
Nase	नाक
Ohr	कान
Schulter	कंधा
Zunge	जीभ

Messungen
मापन

Breite	चौड़ाई
Byte	बाइट
Dezimal	दशमलव
Gewicht	वजन
Grad	डिग्री
Gramm	ग्राम
Höhe	ऊंचाई
Kilogramm	किलोग्राम
Kilometer	किलोमीटर
Länge	लंबाई
Liter	लीटर
Masse	मास
Meter	मीटर
Minute	मिनट
Tiefe	गहराई
Tonne	टन
Unze	औंस
Volumen	आयतन
Zentimeter	सेंटीमीटर
Zoll	इंच

Mode
पहनावा

Bescheiden	मामूली
Boutique	बुटीक
Einfach	सरल
Elegant	सुरुचिपूर्ण
Erschwinglich	सस्ती
Komfortabel	आरामदायक
Minimalistisch	न्यूनतम
Modern	आधुनिक
Muster	पैटर्न
Original	मूल
Praktisch	व्यावहारिक
Spitze	फीता
Stickerei	कढ़ाई
Stil	शैली
Stoff	कपड़े
Tasten	बटन
Teuer	महंगा
Textur	बनावट
Trend	ट्रेंड

Musik
संगीत

Album	एल्बम
Ballade	गाथागीत
Chor	कोरस
Harmonie	सद्भाव
Harmonisch	सुसंगत
Improvisieren	सुधार
Instrument	साधन
Klassisch	शास्त्रीय
Lyrisch	गीतात्मक
Melodie	राग
Mikrofon	माइक्रोफोन
Musical	संगीत
Musiker	संगीतकार
Oper	ओपेरा
Poetisch	काव्यात्मक
Rhythmisch	तालबद्ध
Rhythmus	ताल
Sänger	गायक
Singen	गाना
Tempo	गति

Mythologie

पौराणकि कथाएं

Archetyp	मूलरूप आदर्श
Blitz	बजिली
Donner	गरज
Eifersucht	ईर्ष्या
Held	नायक
Himmel	स्वर्ग
Katastrophe	आपदा
Kreation	सृजन
Kreatur	जंतु
Krieger	योद्धा
Kultur	संस्कृति
Labyrinth	भूलभुलैया
Legende	दंतकथा
Magisch	जादुई
Monster	राक्षस
Rache	बदला
Stärke	ताकत
Sterblich	नश्वर
Unsterblichkeit	अमरता
Verhalten	व्यवहार

Natur

प्रकृति

Arktis	आर्कटकि
Berge	पहाड़ों
Bienen	मधुमक्खियों
Dynamisch	गतशील
Erosion	कटाव
Fluss	नदी
Friedlich	शांतपूर्ण
Gletscher	ग्लेशियर
Heiligtum	अभयारण्य
Heiter	नर्मिल
Laub	पत्ते
Lebenswichtig	महत्वपूर्ण
Nebel	कोहरा
Schönheit	सुंदरता
Schutz	आश्रय
Tiere	जानवरों
Tropisch	उष्णकटबिंधीय
Wald	वन
Wild	जंगली
Wüste	रेगिस्तान

Obst

फ्रूट

Ananas	अनन्नास
Apfel	सेब
Aprikose	खुबानी
Avocado	एवोकाडो
Banane	केला
Beere	बेरी
Birne	नाशपाती
Brombeere	ब्लैकबेरी
Himbeere	रसभरी
Kirsche	चेरी
Kiwi	कीवी
Kokosnuss	नारियल
Melone	तरबूज
Nektarine	शफ़तालू
Orange	नारंगी
Papaya	पपीता
Pfirsich	आड़ू
Pflaume	बेर
Traube	अंगूर
Zitrone	नींबू

Ozean

सागर

Auster	सीप
Boot	नाव
Delfin	डॉल्फनि
Fisch	मछली
Garnele	झींगा
Gezeiten	ज्वार
Hai	शार्क
Koralle	मूंगा
Krabbe	केकड़ा
Krake	ऑक्टोपस
Qualle	जेलफ़िशि
Riff	चट्टान
Salz	नमक
Schildkröte	कछुआ
Schwamm	स्पंज
Seetang	समुद्री शैवाल
Sturm	आंधी
Thunfisch	टूना
Wal	व्हेल
Wellen	लहरें

Pflanzen

पौधे

Bambus	बांस
Baum	पेड़
Beere	बेरी
Blatt	पत्ता
Blume	फूल
Blütenblatt	पत्ती
Bohne	सेम
Busch	बुश
Dünger	उर्वरक
Efeu	आइवी
Garten	बगीचा
Gras	घास
Kaktus	कैक्टस
Kraut	जड़ी बूटी
Laub	पत्ते
Moos	काई
Sonne	सूर्य
Vegetation	वनस्पति
Wald	वन
Wurzel	जड़

Philanthropie

परोपकार

Ehrlichkeit	ईमानदारी
Finanzieren	वत्ति
Gemeinschaft	समुदाय
Geschichte	इतिहास
Global	वैश्वकि
Grosszügigkeit	उदारता
Gruppen	समूह
Jugend	युवा
Kinder	बच्चे
Kontakte	संपर्क
Menschen	लोग
Menschheit	मानवता
Mission	मशिन
Mittel	धन
Nächstenliebe	दान
Öffentlich	सार्वजनकि
Programme	कार्यक्रमों
Spenden	दान करना
Ziele	लक्ष्य

Physik
भौतिक विज्ञान

Atom	परमाणु
Beschleunigung	त्वरण
Chaos	अराजकता
Chemisch	रासायनिक
Dichte	घनत्व
Elektron	इलेक्ट्रॉन
Experiment	प्रयोग
Formel	सूत्र
Frequenz	आवृत्ति
Gas	गैस
Geschwindigkeit	वेग
Magnetismus	चुंबकत्व
Masse	मास
Mechanik	यांत्रिकी
Molekül	अणु
Motor	इंजन
Nuklear	नाभिकीय
Partikel	कण
Relativität	सापेक्षता
Universal	सार्वभौमिक

Psychologie
मनोविज्ञान

Bewertung	मूल्यांकन
Bewusstlos	बेहोश
Ego	अहंकार
Einflüsse	प्रभाव
Erinnerungen	यादें
Gedanken	विचार
Ideen	विचारों
Kindheit	बचपन
Klinisch	नैदानिक
Konflikt	संघर्ष
Persönlichkeit	व्यक्तित्व
Problem	संकट
Sensation	सनसनी
Termin	नियुक्ति
Therapie	चिकित्सा
Träume	सपने
Verhalten	व्यवहार
Wahrnehmung	अनुभूति
Wirklichkeit	वास्तविकता

Regierung
सरकार

Bezirk	जिला
Demokratie	लोकतंत्र
Denkmal	स्मारक
Diskussion	चर्चा
Freiheit	स्वतंत्रता
Friedlich	शांतिपूर्ण
Führer	नेता
Gerechtigkeit	न्याय
Gesetz	कानून
Gleichheit	समानता
Nation	राष्ट्र
National	राष्ट्रीय
Politik	राजनीति
Rechte	अधिकार
Rede	भाषण
Staat	राज्य
Symbol	प्रतीक
Unabhängigkeit	आजादी
Verfassung	संविधान
Zivil	सिविल

Restaurant #2
रेस्टोरेंट #2

Abendessen	रात का खाना
Eis	बर्फ
Fisch	मछली
Frucht	फल
Gabel	कांटा
Gemüse	सब्जियां
Getränk	पेय
Gewürze	मसाले
Kellner	वेटर
Köstlich	स्वादिष्ट
Kuchen	केक
Löffel	चम्मच
Mittagessen	दोपहर का भोजन
Nudeln	नूडल्स
Salat	सलाद
Salz	नमक
Stuhl	कुर्सी
Suppe	सूप
Vorspeise	क्षुधावर्धक
Wasser	पानी

Säugetiere
स्तनधारी

Affe	बंदर
Bär	भालू
Biber	ऊदबिलाव
Elefant	हाथी
Fuchs	लोमड़ी
Giraffe	जिराफ़
Gorilla	गोरिल्ला
Hund	कुत्ता
Känguru	कंगारू
Kojote	कोयोट
Löwe	शेर
Panther	तेंदुआ
Pferd	घोड़ा
Ratte	चूहा
Schaf	भेड़
Stier	बुल
Tiger	बाघ
Wal	व्हेल
Wolf	भेड़िया
Zebra	ज़ेबरा

Schach
शतरंज

Champion	चैंपियन
Diagonal	विकिर्ण
Gegner	विरोधी
Klug	चतुर
König	राजा
Königin	रानी
Opfer	बलिदान
Passiv	निष्क्रिय
Punkte	अंक
Regeln	नियम
Schwarz	काला
Spiel	खेल
Spieler	खिलाड़ी
Strategie	रणनीति
Turnier	टूर्नामेंट
Weiss	सफेद
Wettbewerb	प्रतियोगिता
Zeit	समय

Schönheit
ब्यूटी

Anmut	कृपा
Charme	आकर्षण
Dienstleistungen	सेवा
Duft	खुशबू
Elegant	सुरुचिपूर्ण
Eleganz	लालित्य
Farbe	रंग
Fotogen	फोटोजेनिक
Glatt	चिकना
Haut	त्वचा
Lippenstift	लिपिस्टिक
Locken	कर्ल
Öle	तेल
Produkte	उत्पादों
Schere	कैंची
Shampoo	शैम्पू
Spiegel	दर्पण
Stylist	स्टाइलिस्ट
Wimperntusche	काजल

Science Fiction
कल्पित विज्ञान

Bücher	पुस्तकें
Dystopie	डायस्टोपिया
Explosion	विस्फोट
Extrem	चरम
Fantastisch	शानदार
Feuer	आग
Futuristisch	फ्यूचरिस्टिक
Galaxie	आकाशगंगा
Geheimnisvoll	रहस्यमय
Illusion	भ्रम
Imaginär	काल्पनिक
Kino	सिनेमा
Orakel	आकाशवाणी
Planet	ग्रह
Realistisch	यथार्थवादी
Roboter	रोबोट
Szenario	परिदृश्य
Technologie	प्रौद्योगिकी
Utopie	आदर्शलोक
Welt	दुनिया

Sport
खेल

Athlet	खिलाड़ी
Ausdauer	सहन
Diät	आहार
Ernährung	पोषण
Fähigkeit	क्षमता
Gesundheit	स्वास्थ्य
Joggen	टहलना
Kardiovaskulär	हृदय
Knochen	हड्डियों
Körper	शरीर
Maximieren	अधिकतम
Metabolisch	चयापचय
Muskel	मांसपेशियों
Programm	कार्यक्रम
Radfahren	साइकिल चलाना
Sport	खेल
Stärke	ताकत
Tanzen	नृत्य
Trainer	कोच
Ziel	लक्ष्य

Stadt
नगर

Apotheke	फार्मेसी
Bank	बैंक
Bäckerei	बेकरी
Bibliothek	पुस्तकालय
Blumenhändler	फूलवाला
Flughafen	हवाई अड्डा
Galerie	गैलरी
Hotel	होटल
Kino	सिनेमा
Klinik	क्लिनिक
Markt	बाजार
Museum	संग्रहालय
Restaurant	भोजनालय
Salon	सैलून
Schule	स्कूल
Stadion	स्टेडियम
Supermarkt	सुपरमार्केट
Theater	थिएटर
Universität	विश्वविद्यालय
Zoo	चिड़ियाघर

Tage und Monate
दिन और महीने

August	अगस्त
Dezember	दिसंबर
Dienstag	मंगलवार
Donnerstag	गुरूवार
Februar	फरवरी
Freitag	शुक्रवार
Jahr	वर्ष
Januar	जनवरी
Juli	जुलाई
Juni	जून
Kalender	कैलेंडर
Mittwoch	बुधवार
Monat	महीना
Montag	सोमवार
November	नवंबर
Oktober	अक्टूबर
Samstag	शनिवार
September	सितंबर
Sonntag	रविवार
Woche	सप्ताह

Tanzen
नृत्य

Akademie	अकादमी
Anmut	कृपा
Ausdrucksvoll	सूचक
Bewegung	गति
Choreographie	नृत्यकला
Emotion	भावना
Freudig	हर्षित
Haltung	आसन
Klassisch	शास्त्रीय
Körper	शरीर
Kultur	संस्कृति
Kulturell	सांस्कृतिक
Kunst	कला
Musik	संगीत
Partner	साथी
Probe	रिहर्सल
Rhythmus	ताल
Traditionell	परंपरागत
Visuell	दृश्य

Technologie
प्रौद्योगिकी

Anzeige	प्रदर्शन
Bildschirm	स्क्रीन
Blog	ब्लॉग
Browser	ब्राउज़र
Bytes	बाइट्स
Computer	संगणक
Cursor	कर्सर
Datei	फ़ाइल
Daten	डेटा
Digital	डिजिटिल
Forschung	अनुसंधान
Internet	इंटरनेट
Kamera	कैमरा
Nachricht	संदेश
Schriftart	फ़ॉन्ट
Sicherheit	सुरक्षा
Software	सॉफ्टवेयर
Statistik	सांख्यिकी
Virtuell	आभासी
Virus	वाइरस

Universum
यूनिवर्स

Asteroid	क्षुद्रग्रह
Astronom	खगोल विज्ञानी
Astronomie	खगोल विज्ञान
Atmosphäre	वायुमंडल
Äon	कल्प
Äquator	भूमध्य रेखा
Breite	अक्षांश
Dunkelheit	अंधेरा
Galaxie	आकाशगंगा
Hemisphäre	गोलार्ध
Himmel	आकाश
Horizont	क्षितिज
Kosmisch	लौकिक
Längengrad	देशान्तर
Mond	चाँद
Orbit	कक्षा
Sichtbar	दृश्यमान
Sonnenwende	संक्रांति
Teleskop	दूरबीन
Tierkreis	राशि

Urlaub #2
अवकाश #2

Ausländer	विदेशी
Ausländisch	विदेश
Camping	डेरा डालना
Flughafen	हवाई अड्डा
Freizeit	अवकाश
Hotel	होटल
Insel	द्वीप
Karte	नक्शा
Meer	समुद्र
Pass	पासपोर्ट
Reise	यात्रा
Restaurant	भोजनालय
Strand	समुद्र तट
Taxi	टैक्सी
Transport	परिवहन
Urlaub	छुट्टी
Visum	वीजा
Zelt	तंबू
Ziel	गंतव्य
Zug	ट्रेन

Vögel
पक्षियों

Adler	ईगल
Ei	अंडा
Ente	बतख
Eule	उल्लू
Flamingo	राजहंस
Huhn	चिकन
Krähe	कौआ
Kuckuck	कोयल
Möwe	मूर्ख मनुष्य
Papagei	तोता
Pelikan	हवासील
Pfau	मोर
Pinguin	पेंगुइन
Rabe	काला कौआ
Reiher	बगुला
Schwan	हंस
Spatz	गौरैया
Storch	सारस
Taube	कबूतर
Toucan	टूकेन

Wandern
लंबी पैदल यात्रा

Berg	पहाड़
Camping	डेरा डालना
Führer	गाइड
Gefahren	खतरों
Gipfel	शिखिर सम्मेलन
Karte	नक्शा
Klima	जलवायु
Klippe	चट्टान
Müde	थक गया
Natur	प्रकृति
Orientierung	अभिविन्यास
Schwer	भारी
Sonne	सूर्य
Steine	पत्थर
Stiefel	जूते
Tiere	जानवरों
Vorbereitung	तैयारी
Wasser	पानी
Wetter	मौसम
Wild	जंगली

Wetter
मौसम

Atmosphäre	वायुमंडल
Blitz	बिजली
Donner	गरज
Eis	बर्फ
Feucht	नम
Himmel	आकाश
Hurrikan	तूफान
Klima	जलवायु
Monsun	मानसून
Nebel	कोहरा
Polar	ध्रुवीय
Regenbogen	इंद्रधनुष
Ruhig	शांत
Sturm	आंधी
Temperatur	तापमान
Tornado	बवंडर
Trocken	सूखा
Tropisch	उष्णकटिबंधीय
Wind	हवा
Wolke	बादल

Wissenschaft
वज्ञिान

Atom	परमाणु
Chemisch	रासायनकि
Daten	डेटा
Evolution	वकिास
Experiment	प्रयोग
Fossil	जीवाश्म
Hypothese	परकिल्पना
Klima	जलवायु
Labor	प्रयोगशाला
Methode	तरीका
Mineralien	खनजि
Moleküle	अणुओं
Natur	प्रकृत
Organismus	जीव
Partikel	कण
Pflanzen	पौधे
Physik	भौतकि वज्ञिान
Schwerkraft	गुरुत्वाकर्षण
Tatsache	तथ्य
Wissenschaftler	वैज्ञानकि

Wissenschaftliche Disziplinen
वैज्ञानकि अनुशासन

Anatomie	शरीर रचना
Archäologie	पुरातत्व
Astronomie	खगोल वज्ञिान
Biochemie	जीव रसायन
Biologie	जीववज्ञिान
Chemie	रसायन वज्ञिान
Geologie	भूवज्ञिान
Immunologie	इम्यूनोलॉजी
Kinesiologie	काइन्सयिोलॉजी
Linguistik	भाषावज्ञिान
Mechanik	यांत्रकिी
Meteorologie	मौसम वज्ञिान
Mineralogie	खनजि वद्यिा
Ökologie	पारस्थितिकिी
Physik	भौतकि वज्ञिान
Physiologie	फजियिोलॉजी
Psychologie	मनोवज्ञिान
Robotik	रोबोटक्सि
Soziologie	समाज शास्त्र
Thermodynamik	ऊष्मप्रवैगकिी

Zahlen
संख्याएँ

Acht	आठ
Achtzehn	अठारह
Dezimal	दशमलव
Drei	तीन
Dreizehn	तेरह
Fünf	पांच
Fünfzehn	पंद्रह
Neun	नौ
Neunzehn	उन्नीस
Null	शून्य
Sechs	छह
Sechzehn	सोलह
Sieben	सात
Siebzehn	सत्रह
Vier	चार
Vierzehn	चौदह
Zehn	दस
Zwanzig	बीस
Zwei	दो
Zwölf	बारह

Zeit
टाइम

Gestern	कल
Heute	आज
Jahr	वर्ष
Jahrhundert	सदी
Jahrzehnt	दशक
Jährlich	वार्षकि
Jetzt	अब
Kalender	कैलेंडर
Minute	मनिट
Mittag	दोपहर
Monat	महीना
Morgen	सुबह
Nach	के बाद
Nacht	रात
Stunde	घंटा
Tag	दनि
Uhr	घड़ी
Vor	इससे पहले
Woche	सप्ताह
Zukunft	भवष्यि

Gratuliere

Sie haben es geschafft !!

Wir hoffen, dass euch dieses Buch genauso viel Spaß gemacht hat wie uns dessen Herstellung. Wir tun unser Bestes, um qualitativ hochwertige Spiele zu erfinden. Diese Rätsel sind auf eine clevere Art und Weise entworfen, damit sie aktiv lernen und daran Vergnügen finden.

Hat ihnen das Buch gefallen ?

Eine einfache Bitte

Unsere Bücher existieren dank der Rezensionen, die sie veröffentlichen. Können sie uns helfen indem sie jetzt eine Meinung hinterlassen ?

Hier ist ein kurzer Link, der Sie zu ihrer Bewertungsseite führt

BestBooksActivity.com/Rezension50

MONSTER HERAUSFÖRDERUNGEN !

Herausförderung 1

Bereit für ihr Bonusspiel? Wir verwenden sie ständig, aber sle sind nicht einfach zu finden. Es sind die Synonyme !

Notieren sie 5 Wörter, die sie in den untenstehenden Rätseln (Nummer 21, 36 und 76) entdeckt haben und versuchen sie für jedes Wort 2 Synonyme zu finden .

*Notieren sie 5 Wörter aus **Rätsel 21***

Wörter	Synonym 1	Synonym 2

*Notieren sie 5 Wörter aus **Rätsel 36***

Wörter	Synonym 1	Synonym 2

*Notieren sie 5 Wörter aus **Rätsel 76***

Wörter	Synonym 1	Synonym 2

Herausförderung 2

Jetzt, wo sie warm sind, notieren sie 5 Wörter, die sie in jedem der untenaufgeführten Rätseln entdeckt haben (Nummer 9, 17 und 25) und versuchen sie für jedes Wort 2 Antonyme zu finden. Wie viele davon können sie binnen 20 Minuten finden ?

*Notieren sie 5 Wörter aus **Rätsel 9***

Wörter	Antonym 1	Antonym 2

*Notieren sie 5 Wörter aus **Rätsel 17***

Wörter	Antonym 1	Antonym 2

*Notieren sie 5 Wörter aus **Rätsel 25***

Wörter	Antonym 1	Antonym 2

Herausförderung 3

Wunderbar, diese Monster Herausförderung  wird kein Problem für sie sein !

Bereit für die letzte Herausförderung? Wählen sie ihre 10 Lieblingswörter aus, die sie in einem Rätsel entdeckt haben und notieren sie sie unten.

1.	6.
2.	7.
3.	8.
4.	9.
5.	10.

Die Aufgabe besteht nun darin mit diesen Wörtern und in maximal sechs Sätzen einen Text herzustellen über eine Person, ein Tier oder ein Ort den sie lieben !

Tipp : sie können die letzten leeren Seiten dieses Buches als Entwurf verwenden

Ihr Schreiben :

NOTIZBUCH :

AUF BALDIGES WIEDERSEHEN !

Linguas Classics

www.ingramcontent.com/pod-product-compliance
Lightning Source LLC
Chambersburg PA
CBHW082042120626
46553CB00011B/3256
9798896700395